Stefan Bauberger
Der Weg zum Herzgrund
Zen und die Spiritualität der Exerzitien

W0072473

Ignatianische Impulse
Herausgegeben von Stefan Kiechle SJ und Willi Lambert SJ,
Band 42

Ignatianische Impulse gründen in der Spiritualität des Ignatius von Loyola. Diese wird heute von vielen Menschen neu entdeckt.

Ignatianische Impulse greifen aktuelle und existentielle Fragen wie auch umstrittene Themen auf. Weltoffen und konkret, lebensnah und nach vorne gerichtet, gut lesbar und persönlich anregend sprechen sie suchende Menschen an und helfen ihnen, das alltägliche Leben spirituell zu deuten und zu gestalten.

Ignatianische Impulse werden begleitet durch den Jesuitenorden, der von Ignatius gegründet wurde. Ihre Themen orientieren sich an dem, was Jesuiten heute als ihre Leitlinien gewählt haben: Christlicher Glaube – soziale Gerechtigkeit – interreligiöser Dialog – moderne Kultur.

Stefan Bauberger

Der Weg
zum Herzgrund

Zen und die Spiritualität der Exerzitien

echter

Bibliografische Information der Deutschen Nationalbibliothek

Die Deutsche Nationalbibliothek verzeichnet diese Publikation in der Deutschen Nationalbibliografie; detaillierte bibliografische Daten sind im Internet über <http://dnb.d-nb.de> abrufbar.

© 2010 Echter Verlag GmbH, Würzburg
www.echter-verlag.de
Umschlag: Roberto Meraner
Druck und Bindung: CPI – Clausen & Bosse, Leck
ISBN 978-3-429-03219-7

Inhalt

1. Einführung

Dieses Buch ist auf dem Hintergrund meines spirituellen Weges entstanden. Als Jesuit wurde ich in der Tradition des Jesuitenordens geprägt. Das Herzstück unserer Spiritualität sind die Exerzitien des heiligen Ignatius von Loyola, unseres Gründers. Exerzitien sind geistliche Übungen, wobei meist mit biblischen Inhalten meditiert wird. Man spricht allgemeiner von »ignatianischer Spiritualität«, abgeleitet vom Namen des Gründers. Mein Hunger auf dem spirituellen Weg blieb ungestillt, deshalb habe ich mich immer mehr auch der Übung der Zen-Meditation zugewandt. Erst nach und nach habe ich realisiert, dass ich damit auch Zen-Buddhismus praktiziere und in dem spannenden Feld des interreligiösen Dialogs lande, noch dazu in einer besonders exponierten Position. Es ist die Position der doppelten religiösen Identität, des Hinübergehens und Zurückkommens: Ich bin in den Zen-Buddhismus als eine mir ganz fremde Religion hinübergegangen, bin darin eingedrungen und habe im Zurückkommen zum Christentum dieses für mich neu und tiefer entdeckt. Das Hinübergehen und Zurückkommen ist immer eine spannende und schöpferische Dynamik.

Auf dem Hintergrund des Dialogs zwischen Christentum und Buddhismus ist dieses Buch geschrieben. Mit der Frage, ob und wie ein solcher innerer Dialog zwischen zwei Religionen lebbar ist, musste ich mich zunächst auf meinem persönlichen Weg auseinandersetzen. Aber auch im Gespräch mit Christen, die einen solchen Weg mit Sympathie oder Zweifel beobachten, wird mir diese Frage gestellt. Und sie ist mir aus der

Perspektive des Buddhismus begegnet, in Gesprächen mit buddhistischen Mönchen in Japan und China. Seit ich selbst als Zen-Lehrer tätig bin, wurde die Klärung dieser Frage auch wichtig für die rechte Leitung der Suchenden, die von mir und mit mir Zen lernen wollen. Sie kommen von sehr unterschiedlichen religiösen Hintergründen: Viele von ihnen vertiefen ihren christlichen Glauben durch die Praxis des Zen-Buddhismus, manche haben keine feste religiöse Identität, manche sind Buddhisten. Nicht eine schnelle Harmonisierung von Zen und Christentum ist gefragt. Die Unterschiede sollen aber nicht in erster Linie trennen, sondern zur Quelle gegenseitiger Befruchtung werden.

Warum wollen Christen Zen üben? Warum bieten christliche Zen-Lehrer Kurse an, um spirituelle Sucher und eben auch Christen zum Zen zu führen? Ist es nur ein Trick, um durch die Hintertür manche Christen, die sich der Kirche entfremdet haben, zurückzuholen? Eine neue Form der Mission, besonders geschickt, aber auch besonders perfide, indem man die eigenen christlichen Absichten bewusst versteckt? Leider gibt es solche Absichten in christlichen Zen-Kreisen, und nicht selten wird meine Arbeit als Zen-Lehrer deswegen von Christen toleriert, weil sie darin ein Mittel sehen, doch noch einige Menschen im Schoß der Kirche zu halten, die sonst abwandern würden.

Aber der Dialog der Religionen darf nicht Mittel sein, anderen Religionen durch die Hintertür Mitglieder abzuwerben. Auch sollte das Ziel nicht sein, sich in der religionsfeindlichen westlichen Welt gemeinsam besser zu verteidigen. Der Dialog sollte vielmehr von der ursprünglichen Inspiration und Begeisterung all der Menschen getragen sein, die religiöse und spirituelle Wege gehen, so wie sie ihnen jeweils geschenkt sind. In Begeisterung und Freude über die Tiefe und Kraft der Religionen kann man neugierig und voller Offenheit denen begegnen, die anderen Religionen folgen, um im Kontakt und Gespräch einander zu bereichern. In einer solchen Perspektive ist es recht, wenn Christen Zen üben.

Zur Geschichte

Im Jahr 1943 besuchte der deutsche Jesuitenpater Hugo Lassalle, der 1929 als Missionar nach Japan gekommen war, zum ersten Mal ein Zen-Sesshin, einen strengen Zen-Kurs in einem buddhistischen Kloster in Japan. Er war einer der ersten Nichtjapaner, die in dieser Weise mit Zen in Kontakt traten, noch dazu als Christ. Die Folgen dieser Pioniertat konnte er nicht ahnen. P. Lassalle wurde ein Brückenpfeiler für die Vermittlung von Zen in den Westen, besonders unter Christen. Heute findet man Meditationsräume in fast allen christlichen Bildungshäusern, und ein geschulter Blick entdeckt meist die Spuren der Zen-Tradition. Vielfach läuft die Vermittlung über Formen der Kontemplation, die selbst wieder vom Zen inspiriert sind. Zahlreiche Christen üben jedoch auch direkt Zen.

Die Aneignung von Zen durch Christen und der Einfluss dieser religiösen Tradition auf das Christentum und seine Spiritualität haben von Anfang an viele herausfordernde Fragen aufgeworfen, die sich auch in der bewegten Lebensgeschichte von P. Lassalle widerspiegeln. Dabei geht es nicht nur um die Frage, ob und wie eine buddhistische Form der Meditation von Christen übernommen werden kann, sondern auch darum, warum diese Form eine solche Faszination ausübt. Steckt dahinter nur die Verführung durch eine fremde Religion, die für den modernen westlichen Menschen gefälliger ist als das Christentum, oder bietet der Weg des Zen die Chance, die christliche Spiritualität zu bereichern, wie P. Lassalle es sah?

Vom Jesuiten Karl Rahner wird das Zitat überliefert: »Der Christ der Zukunft wird ein Mystiker sein, einer, der etwas erfahren hat, oder er wird nicht sein.« Das mag in dieser Ausschließlichkeit übertrieben sein. Die westliche Kultur ist aber von zunehmender Individualisierung geprägt, und das Christentum formt immer weniger das gesellschaftliche Leben. In dieser Situation suchen manche Christen Halt, indem sie sich fundamentalistisch an äußeren Formen festklammern. Andere gehen bewusst ihren individuellen Weg mit Christus, jeder Christ in gewissem Sinn als »Mystiker«. Ein solcher Weg ist in den Exerzitien des Ignatius vorgezeichnet. Es ist daher nicht erstaunlich, dass gerade Karl Rahner als Jesuit auf diese Notwendigkeit hingewiesen hat. Heute entdecken viele Christen, dass ihr mystischer Weg mit Christus befruchtet wird, wenn sie östlichen Religionen begegnen, in sie eintauchen und ihre Methoden kennenlernen.

Was ist Zen?

Zen ist eine Schule des Buddhismus, die in China entstanden ist und in Korea und Japan weiter geformt wurde. Im indischen Buddhismus werden Übungen der Meditation oder Versenkung durch das Sanskrit-Wort »Dhyana« – wörtlich »Versenkung« – bezeichnet. In China wurde daraus durch Lautnachahmung »Chan«, in Japan »Zen« (gesprochen wie »Sen«, mit einem stimmlosen »S«). Der Name der Schule kommt daher, dass in ihr die Übung der Meditation, das stille Sitzen, eine große Bedeutung hat.

Gemäß der Gründungslegende des Zen kam im sechsten Jahrhundert nach Christus der Patriarch Bodhidharma nach China, um dort den Buddhismus zu fördern. Bodhidharma, so heißt es, hatte eine Begegnung mit dem Kaiser des südchinesischen Reichs, der selbst Buddhist war. Im klassischen Zen-Stil wird diese Begegnung knapp und anekdotenhaft überliefert:

Kaiser Bu von Ryō fragte den Großmeister Bodhidharma: »Welches ist der höchste Sinn der Heiligen Wahrheit?« Bodhidharma sagte: »Offene Weite – nichts von heilig.« Der Kaiser fragte weiter: »Wer ist das Uns gegenüber?« Bodhidharma erwiderte: »Ich weiß es nicht.« Der Kaiser konnte sich nicht in ihn finden. Bodhidharma setzte dann über den Strom und kam nach Gi.
Später wandte sich der Kaiser an den Edlen Shikō und befragte ihn. Der Edle Shikō sagte: »Aber Eure Majestät wissen doch wohl, wer das ist? Oder nicht?« Der Kaiser erwiderte: »Ich weiß es nicht.« Da sagte der Edle Shikō: »Das ist der große Held Avalokiteshvara, der das Siegel des Buddhageistes weitergibt.« Da reute es den Kaiser, und schließlich sandte er einen Boten ab, um Bodhidharma zurückzubitten. Der Edle Shikō aber riet: »Sagen Eure Majestät es lieber niemand, dass Sie einen Boten schicken wollten, ihn zurückzuholen! Dem könnte das ganze Land nachlaufen: Er kehrte doch nicht wieder um.« (Hekiganroku, 1. Fall. Die chinesischen Texte werden im Folgenden nach der japanischen Fassung zitiert. Der Unterschied betrifft im Wesentlichen die Übersetzung der Namen.)

Typisch für diese traditionellen Zen-Texte, von denen die wichtigsten im 8. bis 13. Jahrhundert nach Christus entstanden sind, ist eine sehr komprimierte, dichterische und stilisierte Weise des Dialogs. Bodhidharma symbolisiert die ursprüngliche, ungebändigte Kraft des Buddhismus. In seiner Antwort auf die Frage nach dem höchsten Sinn der Heiligen Wahrheit zeigt sich die Intuition von Zen: ursprüngliche Offenheit und Weite, in der nicht einmal Platz ist für einen abgegrenzten heiligen Bereich. Doch die zweite Frage und die Antwort treffen noch direkter: »Wer ist das Uns gegenüber?«, also »Wer bist Du?« – »Ich weiß es nicht.« Die Suche nach dem wahren Selbst ist die Mitte des Wegs. In der Antwort steht im chinesischen Text kein »Ich«, es heißt nur »Weiß nicht«. Die Suche nach dem Selbst ist verbunden mit einem Vergessen des Selbst, das Selbst wird in Leerheit gefunden, wie es der Buddhismus ausdrückt, und Bodhidharma lebt in dieser Leerheit. Das ist keine Trance, kein Dämmerzustand, sondern er steht darin fest und unbewegt zu seiner Bestimmung, wie der weitere Verlauf der Geschichte verdeutlicht.

Bodhidharma, so wird weiter erzählt, zog sich in das Shaolin-Kloster zurück und meditierte neun Jahre lang vor einer Felswand, bevor er einen kleinen Kreis von drei Mönchen und einer Nonne als Schüler akzeptierte. Nicht mit vielen Worten, sondern mit seinem stillen Sitzen in Meditation hat Bodhidharma Zen begründet – das besagt diese Gründungslegende. Typisch für Zen ist aber, dass die Ursprungstexte das reine Stillsitzen kritisieren, oft sogar sehr heftig. Die Übung der Meditation blieb zwar immer von großer Bedeutung, aber der dahinterstehende Geist ist entscheidend.

Ein Gedicht, das Bodhidharma zugeschrieben wird, lautet:

Eine besondere Übertragung außerhalb der Schriften.
Kein Sich-Stützen auf Worte und Buchstaben.

Direkt auf den Geist, auf das Herz, zeigen.
Die eigene Natur erschauen,
Buddhaschaft erlangen.

Die Übertragung geschieht »außerhalb der Schriften«:
Das Studium der religiösen Schriften führt nicht zum
Kern der Wahrheit, es ist im Übermaß sogar schädlich,
so lehrt Zen. Die Wahrheit kann nur unmittelbar erfasst werden. Wer reflektierend über die Wahrheit nach-
denkt, beschäftigt den Geist an seiner Außenseite und
dringt deshalb nicht zur Unmittelbarkeit durch.
Denken und Worte führen weg vom Kern. Umso er-
staunlicher ist es, dass Zen gleichzeitig selbst einen großen Kanon an eigenen Schriften hervorgebracht hat.
Um zum Kern hinzuführen, benützt Zen Denken und
Worte, manchmal sogar mehr und vielfältiger als andere Schulen der Meditation. Die Zen-Schriften sind dabei sehr anekdotisch, oft poetisch, sie legen sich nicht
auf bestimmte Lehrformeln fest und benutzen paradoxe Formulierungen.
Die Schule des Zen lehrt das Konzept einer »Übertragung« des Erwachens des Buddha: Das unmittelbare Er-
fassen der Wirklichkeit wird von Meister zu Schüler
durch die Generationen weitervermittelt, von Herz zu
Herz, von Geist zu Geist (»direkt auf den Geist, auf das
Herz, zeigen«). Der Schüler wird ermutigt und ermahnt,
seiner eigenen Einsicht zu trauen, und doch wird auch
die unverzichtbare persönliche Rückbindung an die
Tradition betont.
Das Ziel ist, »die eigene Natur zu erschauen«, das ist eine Umschreibung für die Wirklichkeit des Erwachens,
der Erleuchtung. Im Folgenden werden die Begriffe
»Erleuchtung« und »Erwachen« in gleicher Bedeutung
gebraucht. Mumon, ein Zen-Meister aus dem 13. Jahr-

hundert, beschreibt es im folgenden Text, in den kurze Erläuterungen in Klammern eingefügt sind:

In der Praxis des Zen muss die von den Patriarchen [von denen die Lehre des Zen weitergegeben wurde] errichtete Schranke durchschritten werden. Um die wunderbare Erleuchtung zu erlangen, muss man alle Tätigkeiten des gewöhnlichen Bewusstseins vollkommen auslöschen. Hat man die Schranke der Patriarchen aber noch nicht passiert und die Wege des alltäglichen Verstandes noch nicht ausgelöscht, gleicht man einem Gespenst, das in Sträuchern und Bäumen herumspukt. Doch sagt: Was ist die von den Patriarchen aufgestellte Schranke? Nichts als dieses Mu – die eine Schranke unserer Schule. [»Mu« heißt »Nichts« oder »Nein« und bezieht sich darauf, dass der Zen-Meister Jōshū entgegen der klassischen Lehre des Buddhismus einem Hund die Buddhanatur abgesprochen hat, um im Schüler den Zweifel zu wecken, was denn seine eigene Buddhanatur ist.] So kam es zu der Bezeichnung »Die torlose Schranke der Zen-Schule«. Wer immer diese Schranke durchschreitet, kann nicht nur Jōshū von Angesicht zu Angesicht sehen, er wandert auch Hand in Hand mit der ganzen Generationslinie der Patriarchen von alters her. Mit den Augenbrauen einander berührend sieht er mit dem gleichen Auge, mit dem sie sehen, hört mit dem gleichen Ohr, mit dem sie hören. Wäre das nicht eine wundervolle Freude? Ist hier jemand, der diese Schranke durchschreiten will? Dann lass deinen ganzen Körper mit seinen 360 Knochen und Gelenken und seinen 84.000 Poren zu einem massiven Klumpen des Zweifels werden und versenke dich mit aller Kraft in dieses »Mu«. Dahinein konzentriere dich ohne Unterlass bei Tag und Nacht. Doch verstehe es nicht als

»nichts«, auch nicht als »seiend« oder »nicht-seiend«! Wie eine in Hast verschluckte rotglühende Eisenkugel muss es sein, die du versuchst, wieder zu erbrechen – aber vergeblich. Alle illusorischen Gedanken und Gefühle, die du bislang gehätschelt hast, musst du austilgen. Nach geraumer Zeit solchen Übens wird Mu zur Reife kommen und Innen und Außen werden auf natürliche Weise eins sein. Du wirst dich fühlen wie ein Stummer, der einen Traum gehabt hat: Sprachlos kennst du ihn nur für dich selbst. Plötzlich wird Mu dann aufbrechen, den Himmel in Erstaunen setzen und die Erde erschüttern. Es wird sein, als hättest du das Schwert des Generals Kan [ein legendärer Krieger der chinesischen Geschichte] an dich gerissen. Triffst du den Buddha, wirst du ihn töten. Begegnest du einem Patriarchen, wirst du ihn töten. Selbst an der Scheide von Leben und Tod wirst du dich der großen Freiheit erfreuen ... (Kommentar zum 1. Fall im Mumonkan).

Es wird deutlich, dass hinter dem Erschauen der eigenen Natur kein leichter Weg steht und kein langweiliger. Der Weg des Zen ist keine gefällige Weichspüler-Spiritualität, wie manche andere moderne Meditationsform. Die Ernsthaftigkeit von Zen-Kursen trägt viel zur Anziehungskraft für spirituelle Sucher bei. Zu strengen Kursen gehören viele Stunden Meditation pro Tag, konsequentes Schweigen und eine sehr fordernde Auseinandersetzung mit sich selbst.

Das »Erschauen der eigenen Natur« ist nicht nur einfach eine Erfahrung. Es beinhaltet eine Umwandlung der Existenz. Es ist ein Weg aus dem Herzgrund zum Herzgrund. Besondere Erfahrungen sind manchmal oberflächlich und oft sogar verführerisch. Sie ziehen Gedanken nach sich: »Ich bin erleuchtet, ich habe eine große Erfahrung.« Damit verlieren die Erfahrungen ihren befreienden Charakter.

Das »Erschauen der eigenen Natur« ist im Zen eingebunden in die Lehre vom »Nicht-Selbst« (Sanskrit: »Anatta«). Die Erfüllung des eigenen Selbst bedeutet ein Übersteigen und Aufgeben des Selbst. Dazu gehört ein Konzept, das in gewisser Weise der christlichen Gnadenlehre entspricht, die Lehre von der »plötzlichen Erleuchtung«. Alle sind immer schon erleuchtet. Das konkrete Erwachen ist die Aktualisierung dieser Wirklichkeit. Das geschieht, wenn sich kein Ego und kein Selbst mehr vor diese Wirklichkeit schieben. Das Ideal ist eine Selbstlosigkeit, in der die Frage nach Erleuchtung überschritten wird:

Einst fragte ein Mönch den Priester Jō von Kōyō: »Daitsū Chishō Buddha saß zehn Kalpas lang [viele Milliarden Jahre lang] in der Meditationshalle, aber die Lehre Buddhas trat nicht in Erscheinung und er selbst konnte die Buddhaschaft nicht erlangen. Warum war das so?« Jō antwortete: »Deine Frage ist wirklich bedenkenswert.« Der Mönch sagte: »Er übte Zazen [Zen-Sitzen] in der Meditationshalle. Warum erreichte er nicht die Buddhaschaft?« Jō entgegnete: »Weil er nicht Buddha wurde« (Mumonkan, 9. Fall).

Aus einer Selbstlosigkeit, die sogar die eigene Erlösung nicht mehr wichtig nimmt, entspringen Erlösung, Zuversicht und Gelassenheit. Diese führen über das individuelle Heil weit hinaus. Zen kultiviert in der Praxis die Spannung zwischen einerseits dieser Gelassenheit, der Einsicht, dass alle Anstrengung zu nichts nütze ist, und andererseits der Härte und Entschiedenheit, die für die Übung notwendig sind.

»Selbstlosigkeit« und »Erwachen« sind Schlüsselworte für das Verständnis von Zen. Selbstlosigkeit klingt nach Verzicht und Mangel. Richtig verwirklicht bedeutet es jedoch Loslassen, Freiheit, Offenheit, grenzenlose Lebendigkeit.

Zen für Christen?

Nicht selten trifft man auf die Meinung, Zen sei gar keine Religion, sondern nur eine Methode der Sammlung und der psychologischen Reifung. Auch viele Westler, die Zen üben, verstehen es so. Das entspricht nicht dem Selbstverständnis und der Praxis des Zen in seinen Ursprungsländern China, Japan und Korea. Dort ist Zen eine Schule des Buddhismus. Wenn Zen im Westen oft von diesen Wurzeln gelöst wird, dann übermittelt man es verkürzt oder sogar verstümmelt. Damit stellt sich die schon oben angesprochene Frage, ob und wie Christen den Zenweg gehen können. Es gibt dazu verschiedene Auffassungen, die mit unterschiedlichen Konzepten des interreligiösen Dialogs verbunden sind. Die Wichtigsten möchte ich darstellen:

Den meisten Christen ist wenig bewusst, wie stark ihre Religion immer schon durch die Begegnung mit anderen Religionen geprägt wurde. Das Beten mit Perlen auf einer Schnur, also die Methode des Rosenkranzes, haben Christen von den Muslimen gelernt, die es von den Buddhisten übernommen hatten. Das Zweite Vatikanische Konzil hat mit seiner Erklärung »Über das Verhältnis der Kirche zu den nichtchristlichen Religionen« ausdrücklich die Tür für »Gespräch und Zusammenarbeit mit den Bekennern anderer Religionen« geöffnet. Das Konzil sagt: »Die katholische Kirche lehnt nichts von alledem ab, was in diesen Religionen wahr und heilig ist.«

Die heutige Zeit ist von Globalisierung geprägt, was eine rasch wachsende Kenntnis über andere Kulturen und Religionen mit sich bringt. Es ist insofern naheliegend, Elemente und Methoden dieser Religionen daraufhin zu prüfen, ob sie die eigene Spiritualität bereichern – wie das unzweifelhaft beim Rosenkranz der Fall ist.

Viele Christen, die Zen üben, übernehmen dessen Methoden genau in diesem Sinn, der gerade dargelegt wurde. Die Methoden werden christianisiert und assimiliert, zur Fortentwicklung der eigenen christlichen Tradition. Am deutlichsten wird das in der Entwicklung von verschiedenen christlichen Kontemplationsschulen, die grundlegend durch Elemente des Zen geprägt sind. Diese Entwicklung bedeutet eine große Bereicherung für das Christentum, entspricht aber nicht dem Selbstverständnis aller Christen, die Zen üben. Weiterhin birgt sie die Gefahr, dass die Zen-Tradition verkürzt und dass wesentliche Elemente des Zen-Buddhismus unterschlagen werden.

Eine andere, weit verbreitete Auffassung, die in vieler Hinsicht dem entspricht, was der Zeitgeist über Religion denkt, ist die transreligiöse Sicht von Zen. Sie knüpft an einen wichtigen Gedanken an: Den Geschmack von Tee muss man selbst erleben, eine Beschreibung dieses Geschmacks wird niemals die Erfahrung ersetzen! Zen warnt davor, den Finger, der auf den Mond zeigt, also die religiösen Konzepte und Formen, mit dem Mond selbst zu verwechseln. Tokusan war ein großer Gelehrter des Diamantsutra, eines wichtigen Lehrtextes des Buddhismus. Er kam nach einem Gespräch mit Ryūtan plötzlich zur Erleuchtung, als dieser in einer stockdunklen Nacht eine Laterne ausblies, das einzige Licht. Am nächsten Tag, so erzählt die Geschichte, brachte er alle seine Kommentare zum Diamantsutra in der Klosterhalle nach vorne, »hielt eine Fackel hoch und sagte: ›Auch wenn wir schwer verständliche Lehren bis zur Neige ausgeschöpft haben, gleicht das nur einem Härchen im unermesslichen Weltraum. Selbst wenn wir die Kernpunkte aller Wahrheiten in der Welt verstanden hätten, wäre es wie ein Wassertröpfchen, das in eine große Schlucht fällt.‹ Dann verbrannte er alle seine Kommentare, machte seine Verbeugungen und ging davon« (Mumonkan, 28. Fall).

Das transreligiöse Verständnis stellt die mystische Erfahrung in den Mittelpunkt und sieht die Religionen als Mittel, zu dieser Erfahrung zu gelangen. Sie werden als Wege zum Gipfel verstanden, wobei viele Wege zum selben Gipfel führen können. Oben angekommen, spielt der Weg keine Rolle mehr.

Dieses Bild kann man weiterdenken: Auf dem Gipfel sehen zunächst alle dasselbe, unabhängig davon, wie sie hinaufgelangt sind. Dennoch weiß jeder Bergsteiger, dass das Erlebnis und seine Wirkung sehr davon abhängen, wie man dorthin gelangt ist: durch wildes Klettern im Fels, im Wandern auf schönen Pfaden an Bächen entlang, gesäumt von alten Bäumen, durch einen Marsch auf einer öden Fahrstraße oder mittels einer Bergbahn. Vielleicht noch mehr hängt das Erlebnis dort oben davon ab, mit wem man unterwegs war. Das Erleben des Gipfels ist kein »reines« Erleben.

Auch in Bezug auf das Erwachen im Zen gilt, dass die »Reinheit« des Erlebnisses eine Abstraktion ist. Sie wird spätestens dann gebrochen, wenn das unmittelbare Erlebnis zur Erfahrung wird, die der Betreffende in seine Bilder und Worte fasst. Aber erst dann fließt die Erfahrung in das Leben ein, erst dann kann sie Fleisch werden, in den Alltag hineingetragen werden und diesen durchdringen. Im Zen spricht man davon, dass es dort oben, in der reinen Sphäre des Erlebnisses der Erleuchtung, schmutzig wird, wenn man verweilen will. »Vermischung heißt Glück, verletze dieses Prinzip nicht«, so das »Lied vom Juwelenspiegel-Samadhi«. Erst in der Fülle des Lebens wird Erleuchtung fruchtbar. Zu dieser Fülle gehört die konkrete Geschichte des Einzelnen, seine Weise, Erfahrungen zu verstehen, auszudrücken und umzusetzen, was immer in die Gemeinschaften und Traditionen seiner konkreten Welt verwoben ist.

An diesem Punkt bedeutet die Übung des Zen für Christen eine Form des inneren Dialogs. Der Dialog zwischen Christentum und Buddhismus wird zum Bestandteil des inneren Wegs. Es gibt, und darin täuscht sich das transreligiöse Verständnis, keinen übergeordneten Standpunkt in diesem Dialog. Christentum und Buddhismus begegnen sich und werden füreinander fruchtbar, gerade in ihrer Verschiedenheit. Für Christen, die Zen üben, bedeutet dieser Dialog als innerer Weg gleichsam, in den Buddhismus hinüberzugehen, wobei im Zurückkommen zur eigenen christlichen Tradition diese tiefer entdeckt wird.[2]

Ein unvollkommener Vergleich ist das Erlernen einer Fremdsprache: Um diese gut zu lernen, muss man ganz in sie eintauchen und am besten für eine gewisse Zeit darauf verzichten, die Muttersprache zu benützen. Die gründliche Kenntnis der Fremdsprache erleichtert aber dann das Verständnis der Muttersprache und ermöglicht oft, deren Eigenarten, besonderen Qualitäten und Begrenzungen genauer kennenzulernen. Der Blick von der Fremdsprache auf die eigene führt zu einem tieferen Verständnis dieser, ohne dass die beiden vermischt werden. Allerdings trifft Religion den Grund des Menschen, weshalb ein Dialog zwischen Christentum und Buddhismus »innerhalb« einer Person diese viel radikaler und umwälzender herausfordert, als es das Erlernen einer Fremdsprache vermag.

Wer konsequent Zen übt, muss von Grund auf umgestülpt, ja bis ins Innerste erschüttert werden. Dazu gehört auch die Erschütterung der religiösen Basis. Das Hinübergehen in eine andere religiöse Tradition und der Verlust der eigenen Tradition, um diese später neu zu entdecken, kann eine Weise sein, diese Erschütterung zu leben. »Das Höchste und das Äußerste, was der Mensch lassen kann, das ist, dass er Gott um Gottes willen lasse«, so ein Wort von Meister Eckhart. Der Weg des Zen verlangt, alle Vorstellungen von und über Gott aufzugeben, um sich in das unaussprechliche Mysterium ganz hineinfallen zu lassen.

Die folgenden Kapitel wollen auf Früchte hinweisen, die sich aus einer solchen Begegnung von Christentum und Zen ergeben.

2. Was man praktisch vom Zen lernen kann

Das Bedürfnis nach Stille

Nachdem ich eine Firmgruppe in Meditation eingeführt hatte, sagte mir einer der Jugendlichen, es sei für ihn eine ganz außergewöhnliche Erfahrung gewesen, 20 Minuten lang still zu sein. Im Alltag habe er immer seinen MP3-Player im Ohr, um Musik zu hören. Viele Jugendliche leben in extremer Form, was ein Teil unseres modernen Alltags ist. Wir leben im Lärm, nicht nur im akustischen Lärm, sondern auch in der Flut der Bilder, die uns ständig bestürmen, in der Werbung, im Fernsehen, überall.

Weil aus diesem Leben im Lärm große Bedrängnis erwächst und die Menschen diese spüren, ziehen uns Gebetsmethoden in Stille an. Als Gegengewicht zur Übermacht der Sinneseindrücke und der Gedanken der Alltagswelt sind solche spirituellen Wege attraktiv, die schnell ins Schweigen führen, statt noch mehr Worte, Bilder und Gedanken auf die Alltagswelt draufzusatteln. Die Begegnung mit Zen führte dazu, dass auch Christen ihre Formen stiller Kontemplation wiederentdeckten. Die Suche nach Gott ist nicht notwendig daran gebunden, mit vielen Worten zu beten. Gott existiert vorgängig zu allen Gedanken und allen Gebeten, er muss nicht herbeigeredet und -gedacht werden, sondern im stillen Hören lässt er sich finden. Die stille Anbetung, das einfache Verweilen in Gottes Gegenwart ist eine überlieferte christliche Gebetsform, die der Zen-Meditation sehr nahesteht.

Eine Hygiene des Geistes, eine gewisse Zurückhaltung gegenüber der Flut der Eindrücke ist auch über die Gebetsform hinaus heute ein wichtiger Bestandteil der spirituellen Übung im Alltag. Die Werbemaschinerie ist ein hochentwickeltes Instrument des Kapitalismus, das uns mit viel Aufwand und auf dem Hintergrund allen modernen Wissens der Psychologie manipuliert. Es ist naiv zu meinen, man könne sich leicht von diesen Eindrücken distanzieren. Um dieser Manipulation und ihren Göttern des Konsums nicht zu sehr zu verfallen, ist ein Gegengewicht der geistigen Hygiene und der Zurückhaltung gegenüber diesen Bildern notwendig, eine Form von geistiger Askese. In der Zen-Tradition wurde die Naturverbundenheit immer hoch geschätzt. Darin spiegelt sich die Erfahrung, dass es nicht nur hilfreich ist, manipulative Bilder zu vermeiden, sondern auch, heilsame Sinneseindrücke zu suchen, die den Geist in sein Gleichgewicht bringen.

Der Wert der methodischen Anleitung zur Mystik

Viele, die heute Zen oder andere Formen der Meditation üben, suchen in erster Linie nach Stille, nicht selten einfach nur, um mit den Ansprüchen und dem Stress des Alltags zurechtzukommen. Manche gehen aber auch weiter und suchen danach, die letzte Wirklichkeit unmittelbar zu erkennen und zu berühren. Ihr Weg wird ein mystischer Weg, angetrieben von der grenzenlosen Sehnsucht, die der heilige Augustinus in folgendes Gebet fasst: »Du hast uns auf dich hin geschaffen, und ruhelos ist unser Herz, bis es ruht in dir« (Augustinus, Confessiones 1,1).
Ignatius war in der Zeit nach seiner Bekehrung von

dieser Unruhe erfasst, und er fand zur Erfüllung im Wesentlichen in Manresa 1522/23. Dort hatte er eine Erfahrung, die in vieler Hinsicht dem ähnelt, was im Zen als Erleuchtung oder Erwachen bezeichnet wird. Er beschreibt sie wie folgt:

Einmal ging er aus seiner Andacht zu einer Kirche, die wenig mehr als eine Meile von Manresa lag – ich glaube, sie heißt St. Paul – und der Weg geht den Fluss entlang. Und während er so in seinen Andachten ging, setzte er sich ein wenig mit dem Gesicht zum Fluss, der in der Tiefe ging. Und als er so dasaß, begannen sich ihm die Augen des Verstandes zu öffnen. Und nicht, dass er irgendeine Vision gesehen hätte, sondern er verstand und erkannte viele Dinge, ebenso sehr von geistlichen Dingen wie von Dingen des Glaubens und der Wissenschaft. Und dies mit einer so großen Erleuchtung, dass ihm alle Dinge neu erschienen. Und es lassen sich nicht die Einzelheiten erläutern, die er damals verstand, obwohl es viele waren; sondern er empfing eine große Klarheit im Verstand, so dass ihm in der ganzen Folge seines Lebens bis über zweiundsechzig Jahre hinaus scheint: Wenn er alle Hilfen zusammenzähle, wie er sie von Gott erhalten habe, und alle Dinge, die er erkannt habe, selbst wenn er sie alle in eins zusammenbringe, habe er nicht so viel erlangt wie mit jenem Mal allein. Und dies bedeutete, in so großem Maß mit erleuchtetem Verstand zu bleiben, dass ihm schien, als sei er ein anderer Mensch und habe eine andere Erkenntnisfähigkeit, als er zuvor hatte (BP 30³).

Von P. Lassalle stammt ein Buch »Zazen und die Exerzitien des heiligen Ignatius«. Darin zeigt er, dass es zwischen den Exerzitien des heiligen Ignatius und einem

Zen-Sesshin, der Intensivform der Übung des Zen, verblüffend viele Gemeinsamkeiten gibt. In beiden Übungsformen gibt es beispielsweise einen sehr geregelten Tagesablauf mit Gebets- beziehungsweise Meditationszeiten, es gibt regelmäßige Gespräche zur Einzelbegleitung, und strenges Schweigen gehört zum Rahmen der Übung.

Der Hintergrund dieser Gemeinsamkeiten besteht darin, dass es sich jeweils um systematische spirituelle Übungswege handelt. Beide Traditionen, die ignatianische und der Zen-Buddhismus, pflegen die Spannung zwischen einer klaren Form der Übung und einem sehr persönlichen Weg: Einerseits zielen sie auf die persönliche Suche nach Gott beziehungsweise nach Erleuchtung, die wesentlich individuell und gnadenhaft ist und durch kein äußeres Mittel mit noch so viel Anstrengung verwirklicht werden kann. Andererseits leben sie von sehr präzisen und strikten äußeren Formen. Diese Spannung soll kreativ werden. Das entspricht der Weise, wie in der Kunst die Freiheit der Gestaltung die vorgegebene äußere Form voraussetzt, in asiatischen Kunstformen noch mehr als im Westen.

Insofern der Weg der Exerzitien und der Weg des Zen diese Gemeinsamkeiten haben, zeigen sie sich in aller Unterschiedlichkeit als ausgereifte spirituelle Übungswege mit vergleichbarer Ausrichtung. Die großen Religionen enthalten verschiedene Elemente, die jeweils zusammenwirken, mit dem Ziel einer Umkehr des religiösen Menschen, damit er dazu geführt wird, auf die letzte Wirklichkeit ausgerichtet zu leben. Dazu dienen Rituale, Lebensregeln, Formen der Hingabe und Verehrung, Heilung, Mystik, Lehrsysteme, Bilder und noch Verschiedenes mehr. Der Buddhismus hat im Vergleich mit dem Christentum den Aspekt der Mystik sehr viel stärker entwickelt, und innerhalb des Buddhismus hat Zen sich noch einmal in besonderer Weise darauf spezialisiert, zur Verwirklichung der Mystik zu führen.

In dieser besonderen Ausrichtung, einer Art von Spezialisierung, liegt ein Grund für die heutige Anziehungskraft von Zen und vergleichbaren Meditationsarten. Oben war schon Karl Rahner zitiert worden: »Der Christ der Zukunft wird ein Mystiker sein, einer, der etwas erfahren hat, oder er wird nicht sein.« Vor allem in der Westkirche und am stärksten in der Neuzeit wurde die Mystik vernachlässigt und teilweise sogar mit großem Misstrauen betrachtet. Insofern ergänzt der Weg des Zen in gewisser Weise ein Element, das im Christentum, auch in der ignatianischen Tradition, unterentwickelt ist, zumindest was die Entwicklung von systematischen Methoden angeht. Zen blickt in diesem Bereich auf eine 4000-jährige Tradition zurück, da der Buddhismus auf dem Hintergrund des Hinduismus und des Yoga entstanden ist.

Am augenfälligsten wird dies im Bereich der Integration des Körpers auf dem mystischen Weg. Ignatius rät dazu, im Gebet diejenige Körperhaltung zu wählen, die dem Gebet jeweils am förderlichsten ist: »bald kniend, bald auf der Erde ausgestreckt, bald auf dem Rücken mit dem Gesicht nach oben, bald sitzend, bald stehend, indem ich stets auf der Suche nach dem bin, was ich will« (EB 76[4]). Das ist sicher richtig, aber nur begrenzt hilfreich. Zen greift auf eine lange und immer weiter verfeinerte Erfahrung zurück, welche Körperhaltungen für die mystische Versenkung besonders förderlich sind. Dabei wird nicht nur einfach der Leib in Dienst genommen für den Geist, sondern zur guten Meditation wirken Leib und Geist zusammen. Man hört manchmal den Vorwurf, die östlichen Religionen seien leibfeindlich. Dabei ist eher das Christentum leibvergessen, zumindest wenn es um das Gebet geht. Es ist auffällig, dass vergessene Leibelemente wie Wallfahrten und Fasten heute wieder an Popularität gewinnen. In das christliche Gebet wurden inzwischen vielfach Elemente des Zen und verwandter Meditationsarten integriert, leider oft ohne rechte Kenntnis, was davon hilfreicher ist als anderes. Es stünde dem Christentum gut an, demütig anzuerkennen, dass die asiatischen Traditionen in diesem Bereich einen Wissensvorsprung haben.

Die Rolle des Meisters oder Begleiters auf dem inneren Weg

Zu den Exerzitien des Ignatius gehört in ihrer ursprünglichen Form neben dem, der sie vollzieht, immer auch einer, der die Übungen »gibt« und durch sie hindurchführt. Die Rolle des Exerzitiengebers wird sehr unterschiedlich verstanden. Die Tendenz der letzten Jahrzehnte, seit die Exerzitien in ihrer ursprünglichen Form wiederentdeckt wurden, ging dahin, die Autorität des Exerzitiengebers und seine aktive Rolle immer mehr zurückzunehmen, so dass er heute vorwiegend auf dem Weg »begleitet«. Das spiegelt sich in der Bezeichnung wieder: Während früher »Exerzitienmeister« geläufig war, hat sich heute »Exerzitienbegleiter« eingebürgert.

Der Leiter des Noviziats der Jesuiten wird als »Novizenmeister« bezeichnet. Er begleitet die Novizen im Lauf des Noviziats in den Exerzitien, hat aber über die Exerzitien hinaus noch eine umfassendere Rolle, die dazu dient, die neu Eingetretenen in den Orden hineinzuführen und entsprechend zu formen. Andere Orden in Deutschland sprechen heute lieber vom »Noviziatsleiter«.

Wenn die Bezeichnung »Meister« durch »Leiter« oder »Begleiter« ersetzt wird, hat das auch biblische Gründe. In Jesu Rede über die Schriftgelehrten und Pharisäer heißt es: »Auf den Straßen und Plätzen lassen sie sich gern grüßen und von den Leuten Rabbi (Meister) nennen. Ihr aber sollt euch nicht Rabbi nennen lassen; denn nur einer ist euer Meister, ihr alle aber seid Brüder« (Mt 23,7–8). Heute würde Jesus seine Anklage vermutlich gegen viele Ehrentitel der Kirche richten, und der konkrete Titel »Exerzitienmeister« ist nicht von großer Bedeutung. Bedeutender als die Abschaffung des Titels ist es, dass die Rolle des Exerzitiengebers in der heutigen Zeit neu definiert wird. Dabei wird eine Anweisung des Exerzitienbuchs in den Mittelpunkt gestellt. In EB 15 schreibt Ignatius:

Der die Übungen gibt, darf nicht den, der sie empfängt, mehr zu Armut oder einem Versprechen als zu deren Gegenteil bewegen noch zu dem einen Stand oder der einen Lebensweise mehr als zu einer anderen. ... so ist es doch in diesen geistlichen Übungen beim Suchen des göttlichen Willens angebrachter und viel besser, dass der Schöpfer und Herr selbst sich seiner frommen Seele mitteilt, indem er sie mit zu seiner Liebe und seinem Lobpreis umfängt und sie auf den Weg einstellt, auf dem sie ihm fortan besser dienen kann.

Den spirituellen Weg muss jeder selbst finden und gehen. So wichtig dieser Aspekt aber auch ist, muss die Rücknahme der Rolle des Exerzitienmeisters beziehungsweise -begleiters doch auch als ein einseitiger Reflex der antiautoritären Tendenzen der Moderne gesehen werden.

Im Zen ist es üblich, vom »Zen-Lehrer« oder »Zen-Meister« zu sprechen. Dieser Rolle wird eine große Bedeutung zugewiesen. Wenn jemand Schüler eines Zen-Meisters wird, dann ist das als eine Bindung auf längere Zeit gedacht, von beiden Seiten.

Der Zen-Meister ist kein Guru. In der indischen Tradition des Hinduismus und Yoga sowie im tibetischen Buddhismus gibt es Gurus. Der Guru hat eine absolute Autorität. Das Verhältnis des Schülers zum Guru ist idealerweise durch völlige Hingabe geprägt. Die Unterordnung unter den Guru dient wesentlich dazu, das Ego des Übenden zu brechen.

Auf dem spirituellen Weg kann dies ein sehr effektives Mittel sein. Es ist aber auch ein gefährliches Konzept und kann leicht missbraucht werden. Im tibetischen Buddhismus heißt es dazu, dass ein Übender selbst aus der Hingabe an einen Guru, der seine Autorität im Eigeninteresse benützt, Nutzen ziehen kann, wenn er nur die Unterordnung so vollzieht, dass damit sein Eigenwille vernichtet wird. Das mag für starke Persönlichkeiten funktionieren, aber ein Brechen des Ego durch die Autorität des Gurus führt nur zu leicht zu falschen Abhängigkeiten und zu Duckmäusertum. Die vornehmste Funktion des Zen-Meisters ist dagegen, den Schüler in eine Selbständigkeit zu führen, in der dieser den Meister nicht mehr braucht.

Der Zen-Meister hat keine absolute Autorität; zumindest bleibt immer die anerkannte Möglichkeit, den Meister zu wechseln. Das ist in der Zen-Tradition kein Zeichen von Versagen, sondern eine ganz normale Freiheit des Übenden, wenn es nur nicht leichtfertig und vorschnell vollzogen wird. In dieser Hinsicht ist die

Rolle des Meisters sogar in manchen ostkirchlichen Formen der Mystik autoritärer.[5]

Mit der Rolle des Zen-Meisters ist aber eine andere und sehr viel aktivere Autorität verbunden als mit der des Begleiters. Dabei geht es nicht darum, den Übenden zu manipulieren, sondern seine »Illusionen zu durchschneiden«, so der traditionelle Ausdruck. Diese Illusionen sind nicht einfach irgendwelche Irrtümer über die Welt, sondern sie wurzeln in der grundlegenden Illusion des Ego. Dieses betrachtet die ganze Welt als auf sich bezogen: Ist mir dieser oder jener Mensch nützlich oder bedrohlich? Das Ich wird zum Mittelpunkt der Weltsicht.

In Entsprechung zu der zitierten Anweisung des Ignatius soll der Meister dem Schüler nicht abnehmen, dass er selbst den Weg findet, das würde nur Unselbstständigkeit zur Folge haben. Dennoch soll er nicht nur passiv zusehen und den Weg des Schülers begleiten. Er soll weniger den richtigen Weg weisen, als von den Irrwegen, auf die der verwirrte Geist des Anfängers immer wieder kommt, in die Mitte zurückführen. Die Aktivität liegt weniger im Aufbauen als im Durchschneiden der Illusionen.

Die wichtigste Rolle des Meisters im Zen liegt allerdings in einem Bereich, der nur schwer in Worte zu fassen ist. Traditionell spricht man von der »Herz-zu-Herz-Übertragung« (oder »Geist-zu-Geist-Übertragung«). Diese liegt jenseits aller Technik und ihr Gelingen ist immer ein Glücksfall. Das hat wesentlich mit der Beziehung zwischen Meister und Schüler zu tun. Dabei spielt einerseits die personale Beziehung eine entscheidende Rolle, andererseits hat diese Übertragung die Eigenart, dass Meister und Schüler in gewisser Weise als eigenständige Persönlichkeiten verschwinden. Im Johannesevangelium wird eine ähnliche Art von Beziehung zwischen Jesus und dem Vater beschrieben. In diese Beziehung sind die Jünger Jesu mit hineingenommen, sie haben an ihr Anteil: »Alle sollen eins sein: Wie du, Vater, in mir bist und ich in dir bin, sollen auch sie in uns sein, damit die Welt glaubt, dass du mich gesandt hast. Und ich habe ihnen die Herrlichkeit gegeben, die du mir gegeben hast; denn sie sollen eins sein, wie wir eins sind, ich in ihnen und du in mir. So sollen sie vollendet sein in der Einheit, damit die Welt erkennt, dass du mich gesandt hast und die Meinen ebenso geliebt hast wie mich« (Joh 17,21–23). Für Ignatius waren die Exerzitien, die er den ersten Gefährten gegeben hat, ein wichtiges Mittel, um sie in seinen Geist, seine Art der Beziehung zu Christus, einzuführen. Er blieb nicht nur zuschauender Begleiter. Es wird nicht sinnvoll sein, die Rolle des Zen-Meisters einfach auf die Exerzitientradition zu übertragen. Sie könnte aber eine Herausforderung werden, um die Rolle des Exerzitienbegleiters beziehungsweise -meisters neu zu überdenken.

3. Einige theologisch-spirituelle Themen des Dialogs

Mystik ist keine Weltflucht: Gott suchen und finden in allen Dingen

Ignatius empfiehlt, Gott in allen Dingen zu suchen und zu finden, also nicht nur in besonders erhebenden Gebetserfahrungen, sondern im alltäglichen Dienst. Er hat das in seinem Leben verwirklicht, wie sich besonders in seinem Tagebuch zeigt. Als Mittel zu dieser Verwirklichung empfiehlt er die Übung der Gewissenserforschung. Sie durchzieht den Tag – mit einem kurzen Gedanken und Vorsatz am Morgen, einer Übung um die Mittagszeit und einer Übung zum Tagesabschluss. Die Übungen beginnen jeweils damit, die Gegenwart Gottes und das eigene Leben im Licht dieser Gegenwart zu erfühlen und zu betrachten. Anschließend versucht man zu unterscheiden, was der Wille Gottes ist, bittet um Verzeihung der Sünden und versucht, den restlichen Tag entsprechend diesem Willen zu gestalten.

In den Zen-Klöstern wird keineswegs die meiste Zeit meditiert. Mehr Zeit verbringen die Mönche und Nonnen mit Handarbeit, ähnlich wie in vielen Strängen der christlichen Mönchstradition. Diese Tätigkeiten, aber auch sehr ritualisierte Formen bei den Mahlzeiten und bei vielen alltäglichen Tätigkeiten, sind ein wichtiger Teil der Übung. Nur eine fortwährende Aufmerksamkeit schafft überhaupt die Grundlage, damit die Meditation fruchtbar werden kann. Und noch wichtiger: Erst wenn sich die Meditation so auswirkt, dass das alltägliche Leben davon geprägt wird, hat sie ihr Ziel erreicht. Im Zen wird symbolisch die Rückkehr auf den

Marktplatz als letzte Stufe der Entwicklung benannt. Bildhaft wird das durch einen lachenden dicken Mönch dargestellt, der mit den Kindern spielt und an sie Geschenke verteilt, in Anknüpfung an eine legendäre Gestalt.

In Japan und in China wird das Laien-Zen erst langsam wieder als eine eigene vollgültige Form entdeckt, neben dem Leben im Kloster. Diese Form steht dem Leben der meisten Christen, auch der meisten Ordenschristen, näher als das klösterliche Zen. Die Grundhaltung für den Alltag im Laien-Zen ist noch mehr als für die Mönche und Nonnen die fortwährende Aufmerksamkeit. Ein paar Schritte vom Büro über den Gang in den Pausenraum sind eine Gelegenheit zur Übung, die man sich nicht entgehen lassen sollte. Das bedeutet nicht fortwährende angestrengte Konzentration, sondern eine Achtsamkeit auf das Wunder der Wirklichkeit in jedem Augenblick. Was geschieht, kann noch so banal sein, und doch ist es der vollen Achtsamkeit wert:

Ein hoher Herr bat Takuan, einen Zen-Lehrer, ihm zu raten, wie er die Zeit verbringen könne. Die Tage wurden ihm sehr lang, wenn er sein Büro beaufsichtigte und steif herumsaß, um die Huldigung der anderen entgegenzunehmen. Takuan schrieb acht chinesische Schriftzeichen auf und gab sie dem Mann: »Nicht zweimal an diesem Tag ein Millimeter Zeit, ein Zentimeter Kostbarkeit. Dieser Tag wird nicht wiederkehren. Jede Minute ist eine unbezahlbare Kostbarkeit wert.«[6]

»Für einen, der Gott sucht wie Mose, kann eine Treppe der Sinai sein.« – Dieses Wort legt Madeleine Delbrêl, eine christliche Mystikerin des 20. Jahrhunderts, dem »kleinen Mönch« in den Mund, und zwar »auf jeder Treppenstufe«[7]. In ganz alltäglichen Situationen, eben auf jeder Treppenstufe, kann eine umwerfende Begegnung mit Gott geschehen, vergleichbar mit dem Erlebnis, das Mose auf dem Berg Sinai hatte. Das steht der Zen-Übung im Alltag sehr nahe. Können wir das ignatianische »Gott suchen und finden in allen Dingen« in dieser Konsequenz kraftvoll neu entdecken, so dass es alle Alltagsvollzüge durchzieht, besonders natürlich alle menschlichen Begegnungen?

»Gott suchen und finden in allen Dingen« ist aber nicht nur eine Anleitung zur Übung, sondern es hat als Wesenszug der ignatianischen Spiritualität noch eine tiefere Bedeutung, die im Zen eine Entsprechung hat. Vom großen Zen-Meister Jōshū wird folgendes Gespräch mit seinem Lehrer Nansen überliefert. Jōshū war zum damaligen Zeitpunkt schon sehr weit fortgeschritten in seinem Verständnis:

Jōshū fragte Nansen in allem Ernst: »Was ist der Weg?« Nansen antwortete: »Der alltägliche Geist ist der Weg.« Jōshū fragte: »Soll ich mich selbst darauf ausrichten oder nicht?« Nansen sagte: »Wenn du versuchst, dich ihm zuzuwenden, wendest du dich von ihm ab.« Jōshū fragte: »Wenn ich nicht versuche, mich ihm zuzuwenden, wie kann ich wissen, dass es der Weg ist?« Nansen antwortete: »Der Weg hat nichts zu tun mit Wissen oder Nicht-Wissen. Wissen ist Illusion. Nicht-Wissen ist ohne Bewusstsein. Wenn du den zweifelsfreien, wahren Weg wirklich erreicht hast, wirst du ihn erfahren als grenzenlos und leer wie den Weltraum. Wie kann man darüber sprechen auf einer Ebene von Richtig oder Falsch?« Bei diesen Worten war Jōshū plötzlich erleuchtet (Mumonkan, 19. Fall).

Zen als Alltagsvollzug ist nicht eine reduzierte Form von Zen gegenüber der Intensivform in der Meditation, sondern die Vollendung der Übung. Der erleuchtete Geist kennt keine Grenzen, weil er nichts ausklammert aus der Erlösung. In diesem Sinn ist der erleuchtete Geist der »alltägliche Geist«. Nicht das Besondere ist das Kennzeichen des Religiösen, auch nicht die besondere, erhebende religiöse oder mystische Erfahrung, sonst ist dies ein zu begrenzter Bereich. Wahre Mystik umfasst die ganze Wirklichkeit.

Die Evangelien erzählen davon, dass im Augenblick des Todes Jesu der Vorhang im Tempel »von oben bis unten entzwei« riss (Mt 15,38). Wenn das Heilige und das Unheilige nicht mehr voneinander abgegrenzt sind, wenn Erlösung die ganze Wirklichkeit umfasst, dann ist das Mystische nicht mehr ein eigener Bereich innerhalb oder außerhalb der Welt. Vielmehr ist es ein bestimmter Zugang zur Welt, eine bestimmte Perspektive, die alles durchdringt und nur dem »unerleuchteten« Auge verschlossen bleibt, obwohl sie die grundlegende Wirklichkeit darstellt. Erleuchtung ist das Wegnehmen des Schleiers, der im falschen Alltagsbewusstsein vor der Wirklichkeit liegt. Das oben zitierte Koan »Der alltägliche Geist ist der Weg« ist mit folgendem Gedicht verbunden:

Die Blumen im Frühling – der Mond im Herbst,
Im Sommer die kühle Brise – im Winter der Schnee!
Wenn unnütze Sachen den Geist nicht vernebeln,
Ist dies des Menschen glücklichste Jahreszeit!

Wenn oben von der Notwendigkeit der Hygiene der Sinneseindrücke die Rede war, dann muss noch ergänzt werden, dass dies keineswegs bedeutet, die Sinne einfach zu verschließen. Es ist richtig, sich bestimmten Sinneseindrücken zu entziehen, soweit das jeweils möglich ist. Aber das Ideal des Zen ist eine Öffnung der Sinne, denn die ganze Wirklichkeit ist von Erlösung durchtränkt.

In der Analyse der Vorgänge, die der Zen-Meditation zugrunde liegen, unterscheidet man verschiedene Ebenen der Tätigkeit des Geistes. Es gibt eine ursprüngliche Ebene, auf der einfach nur Sinneseindrücke da sind, ohne jede Differenzierung, ohne einen Gedanken, um was es sich handelt, was da geschieht. Auf einer zweiten Ebene entsteht der Gedanke, der den Sinneseindruck mit einem bestimmten Konzept verbindet, zum Beispiel wird ein Geräusch als der Ton einer Glocke erkannt. Sodann entsteht das Bewusstsein, dass ich es bin, der hört. Ausgehend davon entwickeln sich Gedankenketten, wie die Frage, was diese Glocke bedeutet, ob sie zur Mahlzeit ruft oder vor einer Gefahr warnt, wer diese Glocke geläutet hat und warum, und so weiter. Im ganzen Aufbau dieser Gedanken erzeugt sich immer wieder das Ich in seiner Trennung von der Welt. Oft führt der Aufbau dieser Gedanken dann dazu, dass sie den Geist so sehr in Beschlag nehmen, dass die Sinne ganz verschlossen werden. Man kreist in den eigenen Gedanken, in Sorgen, Hoffnungen, Fantasien und Ängsten.

Das »Rezept«, das Zen empfiehlt, ist nicht die Abschottung von den Sinneseindrücken, wie es in manchen anderen Meditationsarten empfohlen wird. Vielmehr wird empfohlen, die Sinne zu öffnen, aber beim jeweils ursprünglichen Sinneseindruck zu bleiben und den Gedankenketten, so weit das geht, nicht nachzuhängen. Die Sinne sind das Heilmittel für den Geist, wenn sie in rechter Weise gebraucht werden. »Die ganze Welt ist Medizin«, so der Zen-Meister Unmon (Hekiganroku, Fall 87). Es muss ergänzt werden: Den Gedanken nicht nachzuhängen ist das Ideal für die Zeit der ausdrücklichen Meditation. In alltäglichen Tätigkeiten ist kluge Unterscheidung angesagt, welche Gedankenketten hilfreich sind und welche nicht.

Es gibt einen taoistischen Spruch: »Ohne den Gesang der Vögel sind die Berge noch stiller.« Zen antwortet darauf: »Mit dem Gesang der Vögel ist die Stille der Berge noch tiefer.« Der Gesang der Vögel ist ein Bild für Sinneseindrücke, Gedanken und Gefühle. Achtsamkeit ist das Stichwort für die grundlegende Übung im Alltag. Diese Achtsamkeit kann sich auf alles beziehen, auf die Eindrücke der Sinne, aber auch auf die eigenen Gedanken, den eigenen Körper.

»Die glücklichste Jahreszeit« – Was ist Erlösung?

Es ist wichtig, hier vor einem Missverständnis zu warnen: Der alltägliche Geist als erleuchteter Geist ist kein flaches Sich-Wohlfühlen. Er schließt alles ein. »Warum verschwindet aus dem Gesicht eines klar erleuchteten Menschen nie die Spur der Tränen?« – so lautet eine klassische Zenfrage. Die erste Antwort ist, dass er oder sie immer erfüllt bleibt vom Mitgefühl für alle Lebewesen und deshalb ihr Leiden mitvollzieht. Doch die Antwort geht noch weiter: Erlösung geht über den Gegensatz von Leiden und Freude hinaus, sie umfasst beides.

Das ignatianische »Gott suchen und finden in allen Dingen« steht unter dem Vorzeichen des Dienstes und der Selbstlosigkeit. Im »Prinzip und Fundament« der Exerzitien heißt es:

Der Mensch ist geschaffen dazu hin, Gott unseren Herrn zu loben, Ihm Ehrfurcht zu erweisen und zu dienen, und damit seine Seele zu retten. Die anderen Dinge auf der Oberfläche der Erde sind zum Menschen hin geschaffen, und zwar damit sie ihm bei der Verfolgung des Zieles helfen, zu dem hin er geschaffen ist (EB 23).

Vor die Betrachtung »wie Gott in den Geschöpfen wohnt« (EB 235) stellt Ignatius sein berühmtes Hingabegebet:

Nimm hin, Herr, und empfange meine ganze Freiheit, mein Gedächtnis, meinen Verstand und meinen ganzen Willen, meine ganze Habe und meinen Besitz; Du hast es mir gegeben, Dir, Herr, gebe ich es zurück; alles ist Dein, verfüge nach Deinem ganzen Willen; gib mir Deine Liebe und Gnade, das ist mir genug (EB 234).

In der selbstlosen Hingabe, und nur darin, kann Gott in allen Dingen gefunden werden. Er kann nicht einfach objektiv in den Dingen erkannt und bewiesen werden, sondern nur in dieser Perspektive der Selbstlosigkeit lässt er sich finden, wie es seinem eigenen Wesen entspricht, das in Christus zum Ausdruck kommt. In ihm ist Gott hinabgestiegen in die menschliche Existenz, sogar bis in die letzte Dunkelheit dieser Existenz in Leiden und Tod, letztlich »hinabgestiegen in das Reich der Toten«, wie es im Glaubensbekenntnis heißt. Die menschliche Selbsthingabe ist eine Antwort auf diese Hingabe Gottes.

Die grundlegende Erlösungslehre im Buddhismus ist, wie oben schon dargelegt, die Lehre vom »Nicht-Selbst«. Auch dieses ist nicht einfach eine objektive Lehre von der Nicht-Existenz eines Selbst. Den illusionären Charakter des Selbst zu erkennen lässt sich nicht davon trennen, von dieser Erkenntnis geprägt zu leben, in einem Leben des Mitgefühls für alle Lebewesen. Dies wird unten weiter erklärt.

Lob des Zweifels

Traditionell werden als Voraussetzungen der Übung des Zen großer Glauben, großer Zweifel und große Entschlossenheit beziehungsweise großer Eifer genannt. Das Lob des großen Zweifels mag erstaunen. Glaubenszweifel haben im Christentum keinen guten Ruf, auch wenn sie heute zumindest nicht mehr als Sünde gezählt werden. Im Zen gelten Fragen und Zweifel als wertvolles Mittel auf dem spirituellen Weg. Man soll seine tiefen Zweifel, Fragen und Sehnsüchte entdecken und als Antrieb auf dem Weg fruchtbar machen, sei es die Suche nach der letzten Wirklichkeit, sei es die Angst vor dem Tod und die Frage, was danach kommt, sei es die Sehnsucht nach Sinn, sei es die Verzweiflung über das Leid, das eigene und das in der Welt, und so weiter.

Daiju besuchte den Meister Baso in China. Baso fragte: »Was suchst du?« »Erleuchtung«, erwiderte Daiju. »Du hast deine eigene Schatzkammer. Warum suchst du außerhalb?«, fragte Baso. Daiju erkundigte sich: »Wo ist meine Schatzkammer?« Baso antwortete: »Das, was du fragst, ist deine Schatzkammer.«[8]

Der Glaube ist dabei die erste Voraussetzung. Ohne ein gewisses Vertrauen in den Weg des Zen geht es nicht. Es geht nicht nur um ein äußeres Vertrauen, sondern letztlich vertraut man der eigenen tiefsten Wirklichkeit. Der Zweifel entsteht, wenn dieses Vertrauen ganz ernst genommen wird. Buddhistisch formuliert lautet der grundlegende Glaubenssatz: »Meine tiefste Wirklichkeit ist Buddha, also ich bin erlöst.« Doch wer diesen Satz ernst nimmt, wer danach fragt, was es bedeutet, Buddha zu sein, erlöst zu sein, und es mit der eigenen Wirklichkeit vergleicht, wird ins Zweifeln kommen. Insofern ist der Zweifel eine notwendige Konsequenz des ernsthaften Glaubens, ein Zeichen dafür, dass der Glauben nicht oberflächlich bleibt. Und erst im Durchgang durch das Zweifeln, im Zerbrechen an diesen Zweifeln kann der echte Glaube reifen.

Das ist die Dynamik, wie aus einem ersten Glauben ein reifer Glaube werden kann. Der erste Glaube ist gut, er ist sogar notwendig für die Übung, aber er ist ein äußerer, ein angelernter Glaube. Der gereifte Glaube, der durch den Zweifel hindurchgegangen ist, ist ein Glaube, der aus der Berührung mit der letzten Wirklichkeit kommt.

Vieles von dem, was Zen im Lob des großen Zweifels ausdrückt, ist auch ein Bestandteil eines normalen christlichen spirituellen Wegs. Jeder spirituelle Begleiter weiß darum. Aber die Begegnung mit Zen kann hilfreich sein, um die positive Kraft des Zweifels besser zu erkennen und seinen Wert schätzen zu lernen.

Man sollte den heiligen Thomas zum Patron der Christen erklären, die Zen üben. Als Einziger der Apostel war er nicht dabei, als Jesus den Jüngern erschien, so erzählt es das Johannesevangelium. So leicht lässt er sich nicht überzeugen: »Wenn ich nicht die Male der Nägel an seinen Händen sehe und wenn ich meinen Finger nicht in die Male der Nägel und meine Hand nicht in seine Seite lege, glaube ich nicht« (Joh 20,25). Jesus gewährt ihm diesen Wunsch, wobei im Evangelium offenbleibt, ob Thomas letztlich wirklich Jesus berührt.

Jedenfalls wird er mit seinem Zweifel abgeholt. Das Grab des heiligen Thomas liegt an der Ostküste Indiens, von wo aus nach der Legende Bodhidharma in See stach, um in China Zen zu begründen.

Negative Theologie

Der Buddhismus und damit auch der Zen-Buddhismus ist eine gottlose Religion. Manche Anhänger des Buddhismus, vor allem im Westen, verstehen das so, dass Buddhismus gar keine Religion ist, sondern eher eine philosophische Lehre und eine psychologische Methode, um ein gutes Leben zu führen. Das widerspricht aber in vieler Hinsicht den buddhistischen Texten und der Form, wie Buddhismus in seinen Ursprungsländern ausgeübt wird. Masefield, ein Experte für die frühesten buddhistischen Quellen, spricht von »göttlicher Offenbarung«, die in diesen alten Texten aufscheint. Damit meint er nicht, dass darin eine Gotteslehre steckt, sondern dass die Erleuchtung des Buddha und seiner Anhänger kein innerweltliches Ereignis ist. Sie gehört ganz zu einem transzendenten Bereich.

Dieser Transzendenzbezug schließt aber, wie gesagt, im Buddhismus die Verneinung der Existenz Gottes ein. Das provoziert alle anderen Weltreligionen.

Es gibt im Christentum Anknüpfungspunkte für dieses Paradox. Im ersten Gebot heißt es: »Du sollst neben mir keine anderen Götter haben. Du sollst dir kein Gottesbild machen und keine Darstellung von irgendetwas am Himmel droben, auf der Erde unten oder im Wasser unter der Erde« (Ex 20,3–4). Der zweite Teil, das Verbot von Gottesbildern, bezieht sich zunächst auf bildhafte Darstellungen im wörtlichen Sinn und wird so im Judentum befolgt. Dieses Gebot kann aber auch im übertragenen Sinn auf alle Gottesvorstellungen angewandt werden. Das ist die biblische Wurzel für die so genannte negative Theologie, die im Christentum und im Judentum entwickelt wurde, in der Antike und im Mittelalter. Diese Schule stellt den radikalen Unterschied zwischen Gott und dem Geschöpflichen in den Mittelpunkt ihrer Überlegungen und folgert, dass man keine angemessenen Aussagen über die Wirklichkeit Gottes machen kann. Jede Aussage ist mit Begriffen formuliert, die an das Geschöpfliche anknüpfen und daher Gott verfehlen.

Oben wurde schon Meister Eckhart zitiert, der im Mittelalter als ein Vertreter dieser Theologie angesehen werden kann. Er schreibt: »Was ist das letzte Endziel? Es ist das verborgene Dunkel der ewigen Gottheit und ist unerkannt und ward nie erkannt und wird nie erkannt werden.«[9]

Die negative Theologie blieb im Christentum eine Randerscheinung, bestenfalls ein Korrektiv zur normalen Theologie. Im Buddhismus dagegen steht die entsprechende Idee nicht am Rand, sondern sie gehört zum Kernbestand: Jede positive Aussage über die Sphäre der Transzendenz kann den Zugang zu genau dieser Sphäre verbauen. In jeder Aussage über die letzte Wirklichkeit wird diese in einer Weise gedacht, die ihr nicht gerecht wird. Es geht nicht nur um die Unerkennbarkeit dieser Wirklichkeit aufgrund der Begrenztheit unseres Denkens, sondern um ein Problem, das mit dem Kern unserer Existenz verbunden ist. Wer über Gott spricht, denkt ihn als eine Wirklichkeit, die seiner Existenz gegenübersteht, ausgehend von seiner Existenz. Darin manifestiert und verfestigt sich eine Identität, ein Selbst, das den Zugang zur gemeinten Wirklichkeit verhindert und sich von ihr entfernt.

Ein Schüler des großen Maggids hatte etliche Jahre dessen Unterweisung empfangen und gedachte heimzukehren. Unterwegs besann er sich, er wolle in Karlin Rabbi Ahron aufsuchen, der vordem im Lehrhaus des Maggids sein Gefährte gewesen war. Es ging auf Mitternacht, als er die Stadt betrat; aber sein Verlangen nach dem Anblick des Freundes war so groß, dass er sich sogleich zu dessen Haus wandte und an das erleuchtete Fenster klopfte. »Wer ruft?«, hörte er die vertraute Stimme fragen und antwortete, da er gewiss war, dass auch die seine erkannt würde, nichts als: »Ich!« Aber das Fenster blieb verschlossen, und von innen kam kein Laut mehr, ob er auch wieder und wieder pochte. Endlich schrie er bestürzt: »Ahron, warum öffnest du mir nicht?« Da entgegnete ihm die Stimme des Freundes, aber so ernst und groß, dass die ihm fast fremd dünkte: »Wer ist es, der sich vermisst, sich Ich zu nennen, wie es Gott allein zusteht?« Als der Schüler dies vernahm, sprach er in seinem Herzen: »Meine Lehrzeit ist noch nicht um«, und kehrte unverweilt nach Mesritsch zurück.[10]

Dieses Ich ist das größte Problem des Gottesbegriffs. In jedem Sprechen über Gott setzt sich der Sprecher als ein Ich, das Gott gegenübersteht. Aber nur Gott ist dieses Ich. Das Geschöpf ist nur insofern ein Ich, ein Selbst, als Gott in ihm zum Ausdruck kommt.

Der Buddhismus preist das Schweigen des Buddha als höchste Weise, sich der letzten Wirklichkeit zu nähern. Etwas konkreter: Wenn der Christ über seine letzte Hoffnung spricht, vom Leben der Auferstehung, vom Himmel, dann denkt er das allzu oft als eine Fortsetzung der innerweltlichen Hoffnung. Vom Standpunkt des Buddhismus aus kann man antworten, dass alle Freude, aller Genuss, seien sie noch so »geistig«, vom Standpunkt des Ego her gedacht sind und damit am Eigentlichen vorbeigehen.

Paulus spricht vom »irdischen Leib« und vom »auferweckten Leib«, die sich zueinander verhalten wie der armselige Same zur herrlichen und starken Pflanze (1 Kor 15,42–44). Wer nur den Samen kennt, hat keinerlei Vorstellung von der Pflanze, die daraus werden kann.

Wenn im Buddhismus vom »Himmel« die Rede ist, dann kann das einen Christen leicht in die Irre führen. Der Himmel oder die Himmelswelt ist zwar eine sehr schöne und sorgenfreie Weise der Existenz, aber nicht der Zustand der Erlösung. Auch die »Götter« des Buddhismus sind dem Kreislauf der Wiedergeburten unterworfen. Der Zustand der Erlösung, der Befreiung, wird in Anknüpfung an einen hinduistischen Begriff als Nirvana bezeichnet, wobei die ursprüngliche Wortbedeutung »Verwehen« oder »Verlöschen« im Buddhismus hinter die Aussage zurücktritt, dass es sich um eine unbeschreibliche Wirklichkeit handelt.

Nirvana wird dabei dem Samsara entgegengesetzt, dem Zustand der Verfallenheit. Im Mahayana-Buddhismus findet sich aber die paradoxe Aussage »Samsara ist Nirvana, Nirvana ist Samsara.« Man kann das zunächst in der Logik des Buddhismus so verstehen, dass in der großen Befreiung und Erlösung alle Entgegensetzungen aufgehoben sind. Es hat aber auch eine ganz praktische Bedeutung: Die Erlösung besteht gerade nicht darin, der konkreten Welt des Samsara mit ihren Sorgen und Problemen zu entfliehen, sondern darin, in dieser Welt erlöst zu leben.

Die grundlegendste Übung des Zen besteht darin, präsent zu sein, nur dieses. Diese Übung ist gar keine Übung, sondern das Zurücknehmen aller Aktivität.

Wenn Gott die letzte Wirklichkeit ist, dann ist es nicht notwendig, den Gedanken »Gott« zu dieser Wirklichkeit noch hinzuzufügen.

Vereinigung, Einheit und Transzendenz

Die negative Theologie war im Christentum oft mit Mystik verbunden. Ein erster Ansatz, um über das gewöhnliche Sprechen von Gott hinauszugehen, ist die Besinnung darauf, dass Gott nicht einfach als eine Person oder höhere Macht der Welt gegenübersteht. In der christlichen Mystik wurde viel über die mystische Vermählung gesprochen als die höchste Form der Gotteserkenntnis und -beziehung. Diese Vermählung ist nicht nur eine nachträgliche Vereinigung von Mensch und Gott, sondern sie ist Ausdruck einer grundlegenden Einheit. Teresa von Avila schreibt über die »geistliche Vermählung«: »Bei dieser Gnade des Herrn aber, von der wir jetzt sprechen, gibt es keine Trennung mehr, denn immer bleibt die Seele mit ihrem Gott in jener Mitte.« Sie grenzt diese »geistliche Vermählung« von der noch unvollkommenen »geistlichen Vereinigung« ab:

Die Vereinigung gleicht zwei Wachskerzen, die man so dicht aneinanderhält, dass beider Flamme ein einziges Licht bildet; und sie ist jener Einheit ähnlich, zu der der Docht, das Licht und das Wachs verschmelzen. Danach aber kann man leicht eine Kerze von der anderen trennen, so dass es wieder zwei Kerzen sind, und ebenso leicht lässt sich der Docht vom Wachs lösen. Hier [bei der geistlichen Vermählung] jedoch ist es, wie wenn Wasser vom Himmel in einen Fluss oder eine Quelle fällt, wo alles nichts als Wasser ist, so dass man es weder teilen noch sondern kann, was nun das Wasser des

45

Flusses ist und was das Wasser, das vom Himmel gefallen.[11]

Wenn sich drei Menschen zum Gebet versammeln und Christus ist mitten unter ihnen (Mt 18,20), sind dann in Wahrheit vier Personen versammelt, drei plus Christus? Oder sind es sogar sechs, drei Menschen und drei göttliche Personen? In dieser Weise kann man von Gott nicht sprechen oder denken. Paulus schreibt: »Ihr seid der Leib Christi« (1 Kor 12,27). Und anderswo: »Nicht mehr ich lebe, sondern Christus lebt in mir« (Gal 2,20). Wie viele Christen haben ein solches Christus- und Gottesverständnis? Wie viele Christen sehen dagegen Gott nur als eine Person, die über der Welt thront und ab und zu eingreift, der »liebe Gott«, der schützt und liebt, oder der »richtende Gott«, der belohnt und bestraft?

Solange man Gott irgendwie in weltlichen Begriffen denkt, in der Welt oder außerhalb der Welt, verfehlt man seine Transzendenz. Dabei eröffnet gerade die Menschwerdung Gottes in Christus ein ganz anderes Modell, jenseits der Begriffe und ihrer Gegensätze: Die Transzendenz Gottes, seine Größe, kommt darin zur Vollendung, dass er im Abstieg ganz innerweltlich wird: »Seid untereinander so gesinnt, wie es dem Leben in Christus Jesus entspricht: Er war Gott gleich, hielt aber nicht daran fest, wie Gott zu sein, sondern er entäußerte sich und wurde wie ein Sklave und den Menschen gleich. Sein Leben war das eines Menschen; er erniedrigte sich und war gehorsam bis zum Tod, bis zum Tod am Kreuz. Darum hat ihn Gott über alle erhöht und ihm den Namen verliehen, der größer ist als alle Namen« (Phil 2,5–9).

Der »Atheismus« des Zen ist keine platte Innerweltlichkeit, sondern er nimmt die Andersartigkeit der letzten Wirklichkeit ganz ernst. Er respektiert sie und verwirklicht sie im entsprechenden Abstieg, der Transzendenz und Immanenz übersteigt. Für den Christen möge das zur Herausforderung werden, die eigene Vorstellung von Gott zu vertiefen, damit das Reden über Gott und die religiöse Hoffnung auf den »Himmel« nicht oberflächlich bleiben.

4. Die Mitte des Dialogs: Nicht-Selbst und ignatianische Abtötung

Unter Christen ist das Vorurteil verbreitet, der Buddhismus sei weltverneinend oder sogar lebensfeindlich. Bei genauerer Betrachtung ist diese Ansicht ganz wahr und ganz falsch, aber beides in einem ganz anderen Sinn, als es meist verstanden wird. Um das Verhältnis des Buddhismus zur Welt zu verstehen, muss man die Anatta-Lehre verstehen, die Verneinung der Existenz eines eigenständigen und beharrenden Selbst.

Diese Lehre vom Nicht-Selbst ist auf dem Hintergrund und als Entgegensetzung zu einem religiösen Einheitsverständnis formuliert. Gautama Buddha hat Meditation im indischen Yoga gelernt, vor dem Hintergrund des Hinduismus, so weit dieser damals schon ausdrücklich entwickelt war. Die religiösen Schulen, von denen er beeinflusst war, rückten die Lehre in den Mittelpunkt, dass die Erlösung darin besteht, dass die Einzelseele in eine Einheit mit der Weltseele zurückkehrt. Die Meditation führt zur Erkenntnis, dass diese Vereinzelung auf einem Irrtum beruht, auf dem Vergessen der ursprünglichen Einheit. Indem die Seele wieder in diese Einheit eingeht, kommt sie zur Erlösung und bricht aus dem Kreislauf der Wiedergeburten aus.

Wenn also der Buddhismus die Existenz des Selbst beziehungsweise der Seele, sowohl des individuellen als auch des großen Selbst, verneint, dann ist das vor allem eine Aussage darüber, was Erlösung ist: Das große Einswerden ist nicht genug, die buddhistische Hoffnung geht weit darüber hinaus.

Doch zunächst zu einer Entsprechung des Nicht-Selbst

in der christlichen und besonders in der ignatianischen Tradition. Ignatius schreibt: »Das soll ein jeder bedenken, dass er in allen geistlichen Dingen nur insoweit Fortschritte machen wird, als er herausspringt aus seiner Eigenliebe, seinem Eigenwillen und seinem Eigennutz« (EB 189). Er spricht in diesem Zusammenhang von Abtötung: »Einem wirklich Abgetöteten reicht eine Viertelstunde, um sich mit Gott im Gebet zu vereinen.«

Das Wort »Abtötung« ist aus der heutigen Praxis der ignatianischen Spiritualität fast verschwunden. Dafür gibt es sehr gute Gründe. »Abtötung« wurde zum Fanal einer Fixierung auf Askese, auf eine Lebens- und Leibfeindlichkeit, die zu einer Entfremdung der Christen von der »bösen Welt« führte. Ignatius dagegen stellt an den Schluss seiner Exerzitien, in der vierten Woche, die Meditation über die Auferstehung. Derjenige, der die großen Exerzitien durchlaufen hat, lebt das Leben der Jünger mit dem Auferstandenen, frei von kleinlichem Suchen nach seinen Sünden und von der Angst um sein Seelenheil. Sein Leben ist daraufhin orientiert, anderen zu helfen, dass sie die gute Nachricht von der Auferstehung verstehen und zur Erlösung kommen. Die Welt ist nicht einfach der Ort der Feindschaft gegen die Kirche. Jesuiten haben sich immer für die humanen Werte der Gesellschaft und für die Reichtümer der Kulturen geöffnet. Sich mit denen zu verbinden, die innerhalb und außerhalb der Kirche nach dem Guten streben, ist die ignatianische Weise, authentisch Kirche zu leben. Großzügigkeit statt Angst, das ist ein Motto der ignatianischen Spiritualität.

Trotz dieser Lebensbejahung bleibt die Abtötung der Kern des ignatianischen Wegs zu Christus und Gott. Das knüpft an die Aussage Jesu an: »Wer mein Jünger sein will, der verleugne sich selbst, nehme sein Kreuz auf sich und folge mir nach. Denn wer sein Leben retten will, wird es verlieren; wer aber sein Leben um meinetwillen verliert, wird es gewinnen« (Mt 16,24–25). Im Folgenden versuche ich, im Gespräch mit der Anatta-Lehre des Buddhismus eine Weise zu finden, wie dieses Kernwort der ignatianischen Spiritualität neu verstanden werden kann, ohne dem großzügigen und weltoffenen Charakter der Exerzitien untreu zu werden.

Mitgefühl als Entgrenzung des Selbst

Das Nicht-Selbst zu verwirklichen: Diese Formulierung legt eine Vorstellung nahe, dass es darum geht, den Bereich des Ich, des Ego zurückzudrängen. In der christlichen Askese gibt es ähnliche Konzepte: Den Egoismus zu überwinden bedeutet, den selbstbezogenen Wünschen nicht nachzugeben, damit der Einfluss des Ego kleiner wird. Den Raum des Ego zu verkleinern, so lässt sich das bildhaft ausdrücken. Das Nicht-Selbst hat eine grundlegendere Bedeutung als das Nicht-Ich, als die Überwindung des Ego. Der asketische Kampf gegen das Ego führt meist nur zur Verdrängung unerwünschter Anteile der eigenen Persönlichkeit, die in der Verdrängung indirekt umso zerstörerischer wirken. Die Verwirklichung von Anatta, von Nicht-Selbst, hat zwei Seiten: Einerseits wird das Selbst verneint, andererseits wird das Selbst entgrenzt.

Diese zweite Seite entspricht in vieler Hinsicht der grundlegenden Botschaft Jesu: »Gott ist die Liebe« (1 Joh 4,7). Im Buddhismus gehören Weisheit und Mitgefühl untrennbar zusammen. Die Weisheit als umfassende Einsicht in das Nicht-Selbst verwirklicht sich darin, dass es keine Grenzen des Selbst mehr gibt, keine Gegenübersetzung zwischen sich selbst und den anderen. »Du sollst deinen Nächsten lieben wie dich selbst« (Mt 22,39): Das ist im Sinn der Weisheit des Anatta keine asketische Anstrengung, sondern folgt aus dem Verschwinden der Grenze zwischen dem Selbst und dem anderen, der dem Selbst gegenübersteht. Wer einem anderen schadet, schadet sich selbst, wer einem anderen Gutes tut, tut sich selbst Gutes. Dabei muss nicht noch Bestrafung oder Belohnung hinzukommen, sondern der Schaden und das Gute sind ganz natürlich gegeben.

Insofern ist die Nächstenliebe – oder besser die Einheit von Selbstliebe und Nächstenliebe – die Grundstruktur des Nicht-Selbst. Aus dieser Perspektive ist auch die Liebe, die Jesus in seinem Leben verwirklicht, die andere Seite seiner Hingabe im Leiden und Sterben. Beides kann nur zusammen verstanden werden: »Es gibt keine größere Liebe, als wenn einer sein Leben für seine Freunde hingibt« (Joh 15,13).

Anatta: Die Einheit ist nicht genug

Die Anatta-Lehre verneint die Vorstellung, dass die letzte Erlösung im Einswerden mit Gott oder mit der Weltseele besteht. Diese Erkenntnis war auch in der christlichen Mystik bei aller Wertschätzung der mystischen Vereinigung immer lebendig, wobei es große Schwierigkeiten bereitete, richtig zu denken, was es bedeutet, über die mystische Vereinigung hinauszugehen.[12]

Aus der Perspektive des Zen kann der Stellenwert der Einheitserfahrung und des Einswerdens so beschrieben werden, dass es sich darin um einen wichtigen, aber noch vorläufigen Schritt handelt. Dieser Schritt kann aber leicht mit der endgültigen Erlösung verwechselt werden, was dazu verleitet, darin steckenzubleiben. Die Gefahr der Einheitserfahrung ist, dass – nach der Überwindung des kleinen Ichs hin auf ein großes Selbst – dieses Selbst wieder zu einer neuen persönlichen Identität verfestigt wird.

Konkret hat diese Gefahr verschiedene Ausprägungen. Das Erste sind ichhafte Formen der Verfestigung, z.B. der übertriebene Genuss der Einheitserfahrung, eine Art Meditationssucht mit Tendenz zur Weltflucht, oder der Stolz auf die eigene Erfahrung, das Bewusstsein, zu den Eingeweihten zu gehören, die weiter fortgeschritten sind auf dem spirituellen Weg.

Aber auch in weniger ichhaften Formen der Verfestigung der Erfahrung des großen Selbst steckt eine Gefahr, im Vorläufigen steckenzubleiben. Im Zen wird das in der Form beschrieben, dass die letzte Verwirklichung des Weges in der Rückkehr auf den Marktplatz besteht, wie schon im Absatz über das »Gott suchen und finden in allen Dingen« dargestellt wurde. Selbstlosigkeit im Kloster zu üben ist zu einfach, besser ist Übung in den Wirrnissen des Lebens. In diesem Sinn ist Zen eine sehr inkarnatorische Form der Spiritualität.

Bernadette Roberts hat aus christlicher Perspektive und eigener Erfahrung diesen Schritt über die Einheitserfahrung hinaus recht dramatisch beschrieben.[13] Das Paradox, das Zen kennt und das sie beschreibt, besteht darin, dass gerade das Leben mitten in der Welt, die Abkehr von der Sphäre der reinen Transzendenz, größere Selbstlosigkeit bedeutet als ein geistiges Leben der Askese und Weltabgewandtheit.

In der ignatianischen Spiritualität ist die Inkarnation, die Menschwerdung Gottes, immer ein bestimmendes Element, im Unterschied zu manch anderen christlichen Traditionen. Leider wird daraus oft eine Abwertung der Einheitsmystik sowie des Weges in Leerheit und der entsprechenden Übungsformen abgeleitet. Richtig daran ist, dass zur Menschwerdung die Bejahung der individuellen Existenz, des Ich und Du, gehört. Im Zen folgt aber der Weg auf den Marktplatz dem Weg der Einswerdung und der Verneinung, der Leerheit. Die Bejahung der Existenz, der Gegensätze, der Unterscheidungen und der Vielfalt der Schöpfung auf der einen Seite und das Eintreten in Leerheit auf der anderen Seite bleiben aufeinander angewiesen und sind ineinander verschränkt. Die Abwertung der Einheitsmystik in einer falsch verstandenen ignatianischen Tradition raubt der Menschwerdung ihre schöpferische Kraft. Damit geht auch das Verständnis für das ignatianische Ideal der Abtötung verloren, weil diese nur noch als möglichst radikale Askese verstanden wird, als Abwendung von der Welt.

Ebenso wird die christliche Spiritualität verwässert, wenn sie mit psychologischen Methoden der Verwirklichung des »wahren Selbst« identifiziert wird. So wertvoll diese Methoden sein mögen, auch als vorläufige Hilfen auf dem spirituellen Weg, so bleibt doch das »wahre Selbst« ein »Nicht-Selbst«, ein Durchbrechen aller Selbstverwirklichung.

Eine sehr treffende christliche Vision von Weltzugewandtheit findet sich in den Briefen von Dietrich Bonhoeffer aus dem Gefängnis. Am Tag, als er vom missglückten Attentat auf Hitler erfuhr und ihm vermutlich klar wurde, dass er der Hinrichtung nicht mehr entgehen würde, schreibt er:

Ich habe in den letzten Jahren mehr und mehr die tiefe Diesseitigkeit des Christentums kennen und verstehen gelernt. Nicht ein *homo religiosus*, sondern ein Mensch schlechthin ist der Christ, wie Jesus – im Unterschied wohl zu Johannes dem Täufer – Mensch war. Nicht die platte und banale Diesseitigkeit der Aufgeklärten, der Betriebsamen, der Bequemen oder der Lasziven, sondern die tiefe Diesseitigkeit, die voller Zucht ist, und in der die Erkenntnis des Todes und der Auferstehung immer gegenwärtig ist, meine ich.[14]

Bonhoeffer fährt fort:

Ich erinnere mich eines Gespräches, das ich vor 13 Jahren in A. mit einem französischen jungen Pfarrer hatte. Wir hatten uns ganz einfach die Frage gestellt, was wir mit unserem Leben eigentlich wollten. Da sagte er: »Ich möchte ein Heiliger werden« – und ich halte für möglich, dass er es geworden ist; das beeindruckte mich damals sehr. Trotzdem widersprach ich ihm und sagte ungefähr: Ich möchte glauben lernen. Lange Zeit habe ich die Tiefe dieses Gegensatzes nicht verstanden. Ich dachte, ich könnte glauben lernen, indem ich selbst so etwas wie ein heiliges Leben zu führen versuchte. Als das Ende dieses Weges schrieb ich wohl die »Nachfolge«. Heute sehe ich die Gefahren dieses Buches, zu dem ich allerdings nach wie vor stehe, deutlich. Später erfuhr ich und ich erfahre es bis zur Stunde, dass man erst in der vollen Diesseitigkeit des Lebens glauben lernt. Wenn man völlig darauf verzichtet hat, aus sich selbst etwas zu machen – sei es einen Heiligen oder einen bekehrten Sünder oder einen Kirchenmann (eine sogenannte priesterliche Gestalt!), einen Gerechten oder Ungerechten, einen Kranken oder einen Gesunden – und dies nenne ich Diesseitigkeit, nämlich in der Fülle der Aufgaben, Fragen, Erfolge und Misserfolge, Erfahrungen und Ratlosigkeiten leben –, dann wirft man sich Gott ganz in die Arme, dann nimmt man nicht mehr die eigenen Leiden, sondern das Leiden Gottes in der Welt ernst, dann wacht man mit Christus in Gethsemane, und ich denke, das ist Glaube, das ist »Metanoia«; und so wird man ein Mensch, ein Christ (vgl. Jer 45!).

Die Verwirklichung des Lebens mit Christus beinhaltet, nichts aus sich zu machen, nicht einmal einen Heiligen oder einen guten Christen oder guten Zen-Menschen. Jede Identität, die man sich erarbeitet, wird zum Hindernis des Weges der Nachfolge Christi. Das Leiden, das Sterben und die Auferstehung Christi werden für Bonhoeffer wie für Paulus zum alles durchdringenden Paradigma des christlichen Lebens, das jede künstliche Individualität auslöscht und das gleichzeitig zum ganz einzigartigen und hoffnungsvollen Leben in der Welt führt.

Was Bonhoeffer beschreibt, ist eine praktische und konkrete Verwirklichung von »Leerheit«. Leerheit ist im Mahayana-Buddhismus der wichtigste Begriff zur Beschreibung der Wirklichkeit der Erlösung: »Alles ist im Grunde leer, und das verwandelt Leiden und Bitterkeit« (Herzsutra). Die biblischen Begriffe von Armut und Demut können in diesem Sinn gelesen werden: »Selig, die arm sind vor Gott; denn ihnen gehört das Himmelreich« (Mt 5,3).

Ignatius hat Prozesse der Verfestigung seiner religiösen Identität und des Verlustes dieser Identität selbst mehrfach durchlaufen; seine Schritte sind ein hilfreiches Beispiel:

Der heldenhafte Kämpfer für Christus und die Kirche

Nach seiner Bekehrung wurde Ignatius zum religiösen Helden. Er schreibt über sich: »Er schaute auf nichts Inneres und wusste auch nicht, was denn Demut und Liebe und Geduld waren und Klugheit, um diese Tugenden [die Bußübungen der Heiligen] zu regeln und zu bemessen; sondern seine ganze Absicht war, solche großen äußeren Dinge auszuführen, weil die Heiligen sie so zur Ehre Gottes ausgeführt hatten; und er schaute auf keinen anderen, mehr besonderen Umstand« (BP 14).

Einem glücklichen Umstand oder einer glücklichen Fügung ist es zu verdanken, dass diese Phase im Leben des Ignatius nicht in einer Katastrophe endete: Einmal ritt ein Maure mit ihm, und dieser bezweifelte im Gespräch, dass Maria auch noch in der Geburt Jesu Jungfrau geblieben sei. Nachdem sie sich getrennt hatten, reute es Ignatius, dass er ein – seiner Meinung nach – so schlechtes Reden über Maria zugelassen hatte. Er überließ es seinem Maultier, ob es dorthin laufen würde, wo er den Mauren vermutete, in welchem Fall er diesem Dolchstiche geben würde, um die Ehre der Gottesmutter wiederherzustellen. Zum Glück nahm das Maultier den anderen Weg (BP 15, 16).

Zerbrochen ist dieses Heldenideal in Manresa, in der entscheidenden Zeit für die spirituelle Reifung, als Ignatius gut zehn Monate lang in einer Art Höhle lebte und intensiv betete. Für Jesuiten ist die Auseinandersetzung mit dem Heldenideal eine bleibende Herausforderung. In Zen ist ein chinesisches Konzept eingegangen, das dem Taoismus entstammt, das Ideal des Nicht-Handelns. Dschuang-Dsi (4. Jh. v. Chr.) beschreibt dieses Ideal mit der Parabel vom Wolkenfürst und Urnebel[15]:

Der Wolkenfürst wandelte nach Osten. Als er am Ende des Luftwirbels vorüber war, traf er den Urnebel. Urnebel hatte die Arme um die Knie geschlungen und hüpfte wie ein Vogel umher. Wolkenfürst erblickte ihn. Betroffen hielt er inne, stellte sich ehrfürchtig auf die Seite und sprach: »Wer seid Ihr, Greis? Was tut Ihr, Greis?«

Urnebel hüpfte weiter und sprach zu Wolkenfürst: »Wandern.« Wolkenfürst sprach: »Ich möchte eine Frage an Euch richten.« Urnebel blickte auf, sah den Wolkenfürst an und sprach: »Puh!«

Wolkenfürst sprach: »Des Himmels Kraft ist nicht in Einklang, der Erde Kraft ist gehemmt; die Kräfte der Atmosphäre sind in Missklang, die Jahreszeiten sind in Unordnung. Ich möchte die reinste Kraft der Atmosphäre in Einklang bringen, um allen Lebewesen Nahrung zu spenden. Was ist da zu tun?«

Urnebel hüpfte weiter, neigte den Kopf und sprach: »Ich weiß nicht, ich weiß nicht!« Und Wolkenfürst konnte ihn nichts mehr fragen.

Drei Jahre waren vergangen. Der Wolkenfürst wandelte wieder nach Osten. Als er am Gebiet des Wohnungsbesitzes vorüber war, traf er abermals auf den Urnebel.

Er war hocherfreut, eilte ihm entgegen und sprach: »Hast du mich vergessen, o Himmlischer? Hast du mich vergessen, o Himmlischer?« Zweimal verneigte er sich und berührte mit dem Haupt die Erde, wünschend, vom Urnebel etwas zu erfahren.

Urnebel sprach: »Ich schwebe umher und weiß nicht, was ich will; ich treibe mich herum und weiß nicht, wohin. Wandernd sehe ich mit verschränkten Armen zu, wie alles seine festen Bahnen geht. Was sollte ich da wissen können?«

Wolkenfürst sprach: »Auch ich halte dafür, dass ich ziellos mich umhertreibe. Aber die Menschen folgen mir, wohin ich gehe, und ich werde die Menschen nicht los; so bin ich der, nach dem sich alle Menschen richten. Darum möchte ich ein Wort von Euch hören.«

Urnebel sprach: »Dass die Ordnungen der Natur verwirrt sind, dass die Gefühle der Wesen unbefriedigt sind, dass der unerforschliche Ratschluss des Himmels nicht sich vollendet, dass die Herden der Tiere sich auflösen und die Vögel alle um Mitternacht rufen, dass Unheil kommt über Kraut und Baum, dass Wehe kommt über Schlange und Wurm: ach, all das kommt davon, dass man die Menschen in Ordnung bringen will!«

Wolkenfürst sprach: »Was soll ich aber dann machen?« Urnebel sprach: »Ach, das ist alles Gift. Mach, dass du fortkommst!« Wolkenfürst sprach: »Nicht leicht ist's, Euch zu begegnen, Himmlischer. Darum möchte ich ein Wort von Euch hören.«

Urnebel sprach: »Ach, wenn dein Herz fest ist, dann magst du untätig weilen beim Nicht-Handeln, und alle Dinge wandeln sich selber. Lass fahren deinen Leib; spei aus deine Sinneseindrücke; werde gleichgültig und vergiss die Außenwelt; komm in Übereinstimmung mit dem Uranfang; löse dein Herz; entlass deinen Geist; kehre zurück ins Unbewusste: dann kehren alle Wesen zurück zu ihrer Wurzel. Sie kehren zurück zu ihrer Wurzel, und du weißt es nicht, und die ungeschiedene Einheit verlassen sie nicht ihr Leben lang. Wenn du das Eine erkennst, so wird das Andere dich verlassen. Darum frage nicht nach dem Namen, spähe nicht nach den Beziehungen, und die Wesen werden von selber Leben haben!«

Wolkenfürst sprach: »Ihr seid mir genaht, Himmlischer, mit Eurem Geiste, und Ihr habt mir Euer Geheimnis offenbart. Was ich mein Leben lang erstrebt, heute habe ich's erhalten!« Darauf verneigte er sich zweimal tief und berührte mit dem Haupt die Erde. Dann erhob er sich, nahm Abschied und ging.

Nicht-Handeln bedeutet keine Untätigkeit, sondern die Entfaltung der ursprünglichen Aktivität der Wirklichkeit, ohne dass sich ein störendes Selbst einmischt. Es findet zum Beispiel einen Ausdruck in den fernöstlichen Kampfkünsten: Der gute Kämpfer überlegt nicht, wie er auf den Angriff des Gegners reagiert, sondern die Reaktion ergibt sich aus dem Fluss der Bewegung. Sobald sich ein Ego einmischt, ein Gedanke an Angriff oder Verteidigung, ist der Kampf schon verloren, die Reaktion zu langsam. Nicht-Handeln bedeutet keine Passivität, sondern die angemessene Reaktion, die sich gerade dadurch ergibt, dass der Handelnde zurücktritt, dass niemand handelt, dass sich die Handlung von selbst ergibt.

Im Buddhismus spielt die Karma-Lehre eine große Rolle. Sie wird oft missverstanden, auch von Westlern, die den Buddhismus schätzen. Diese Lehre besagt, dass jedes Handeln Karma erzeugt. Es kann gutes Karma sein, das zu einem besseren Leben verhilft, in diesem Leben oder in der nächsten Wiedergeburt, oder schlechtes Karma, das schlechte Lebensumstände zur Folge hat. Eine bessere Wiedergeburt ist aber keine Erlösung, erst das Durchbrechen des Kreislaufs der Wiedergeburten ist Erlösung. Das allerdings beruht niemals auf dem Anhäufen von gutem Karma, sondern darauf, dass das Karmaprinzip überhaupt durchbrochen wird. Auch gutes Karma hat den Kreislauf von Leben und Tod zur Folge, es führt zu einem angenehmeren Leben, aber nicht zur Erlösung. Im Buddhismus wird sogar gelehrt, dass eine Wiedergeburt im Götterhimmel, die besonders gutes Karma zur Voraussetzung hat, unter Umständen weniger günstig ist, um ins Nirvana einzugehen, als eine Wiedergeburt in menschlicher Form. Den Wesen im Götterhimmel geht es nämlich zu gut, sie sind nicht motiviert, den Weg zum Nirvana einzuschlagen. Diese Existenz im Götterhimmel ist dabei nicht nur im kosmologischen Sinn der Wiedergeburten gedacht, sondern auch im psychologischen Sinn. Moderne Entsprechungen sind die Wellness-Kultur und die Ästhetisierung des Lebens, beides Versuchungen, die auch dem religiösen Leben nicht fremd sind. Selbst ein Klosterleben kann diesen Charakter haben, ideale Lebensumstände zu schaffen, frei von den Betrübnissen der Welt.

Gutes Karma kann also niemals Erlösung bewirken; diese folgt nur auf das Durchbrechen des Karmaprinzips. Im Zen spricht man davon, keine Spur zu hinterlassen. Wer recht handelt, braucht nicht darauf zu achten, ob seine Handlung beachtet wird. Das Durchbrechen des Karmaprinzips ist aber auch ein Zerbrechen desjenigen, der sich anstrengt, gut zu handeln. In der koreanischen Tradition des Zen wird Erleuchtung als Gebrochenheit bezeichnet.[16]

Die paulinische Gnadenlehre entspricht diesem Ansatz auf christlicher Seite. Sie durchdringt aber kaum die alltägliche Verkündigung, zumindest nicht die der katholischen Kirche. »Weil wir erkannt haben, dass der Mensch nicht durch Werke des Gesetzes gerecht wird, sondern durch den Glauben an Jesus Christus, sind auch wir dazu gekommen, an Christus Jesus zu glauben, damit wir gerecht werden durch den Glauben an Christus und nicht durch Werke des Gesetzes; denn durch Werke des Gesetzes wird niemand gerecht« (Gal 2,16). Ignatius hat davor gewarnt, zu viel beziehungsweise in falscher Weise vom Glauben zu predigen, damit die Gläubigen nicht träge werden. Möglicherweise droht heute eher die gegenteilige Gefahr, dass die Gnadenlehre an den Rand geschoben wird, zugunsten eines platten Aktionismus und auf Kosten der mystischen Dimension.

Die Gnadenlehre besagt, dass der Christ nicht durch das Befolgen des Gesetzes gerettet wird, sondern allein durch Gnade. Gute Werke, solange sie als gute Werke vollbracht werden, sind kein Mittel zur Erlösung, so lehrt Zen. An ihnen klebt noch ein Ego, eine Suche nach Verdienst oder wenigstens danach, gut sein zu wollen. Eine Grundlage des Ordenslebens ist die Begegnung Jesu und dem reichen Mann. Dieser fragt ihn: »Guter Meister, was muss ich tun, um das ewige Leben zu gewinnen?« Jesus antwortet: »Warum nennst du mich gut? Niemand ist gut außer Gott, dem Einen« (Mk 10,17–18). Er empfiehlt dem reichen Mann, die Gebote zu halten. Als dieser noch mehr will, heißt es: »Da sah ihn Jesus an, und weil er ihn liebte, sagte er: Eines fehlt dir noch: Geh, verkaufe, was du hast, gib das Geld den Armen, und du wirst einen bleibenden Schatz im Himmel haben; dann komm und folge mir nach!« (Mk 10,21). Jesus lädt ihn ein zur Nachfolge, und das geht über das Gute, die moralischen Regeln weit hinaus.

D. T. Suzuki, einer der Ersten, die Zen im Westen bekanntgemacht haben, setzt sich wie folgt vom Christentum ab:

Jesus sagt: »Wenn du aber Almosen gibst, so lass deine linke Hand nicht wissen, was die rechte tut, auf dass dein Almosen verborgen sei.« Das ist »geheime Tugend« im Sinn des Buddhismus. Aber wenn die Stelle weiter sagt: »Und dein Vater, der das Verborgene sieht, wird's dir vergelten öffentlich«, so klafft da ein tiefer Riss zwischen Buddhismus und Christentum. Solange noch ein Gedanke ist an Gott oder Teufel, die von unseren Taten wissen und sie vergelten könnten, würde Zen sagen: »Du bist noch keiner von den Unsrigen.« Taten, die aus solchen Gedanken hervorgehen, hinterlassen »Spuren« und »Schatten«. Verfolgt ein höheres Wesen deine Taten, so wird es dich in kürzester Zeit am Kragen nehmen und Abrechnung verlangen für alles, was du getan hast. Davon will Zen nichts wissen. Ein gutes Gewand zeigt innen und außen keine Naht, es ist ein ganzes Stück, und niemand kann sagen, wo es begonnen und wie es gewoben ward. Daher hinterlässt im Zen eine gute Tat keine Spuren von Selbstzufriedenheit oder Selbstverherrlichung, noch viel weniger den Gedanken an eine Belohnung, selbst von Gott.[17]

Was Suzuki schreibt, möge Christen herausfordern, alle Missverständnisse von göttlicher Belohnung und Bestrafung zu überschreiten. Gutes Handeln ist nur dann christliches Handeln, wenn es von solchen Gedanken frei ist. In der Perspektive des Johannesbriefes ist das rechte Handeln die freie Antwort auf Gottes Liebe: »Nicht darin besteht die Liebe, dass wir Gott geliebt haben, sondern dass er uns geliebt und seinen Sohn als Sühne für unsere Sünden gesandt hat« (1 Joh 4,10).

Ignatius: Der große Sünder

In Manresa zerbrach noch eine zweite Identität des Ignatius, die sich zeitlich mit seiner Heldenidentität überschnitten hat, die Identität des Sünders. Ignatius berichtet davon, dass er sich mehrmals beinahe das Leben genommen hätte aus Verzweiflung über seine Situation (BP 24). Man kann daran ermessen, wie hart seine Auseinandersetzung mit seiner Sündigkeit war. Im Exerzitienbuch findet sich ein gereifter Nachhall seiner Erfahrungen in der ersten Woche dieser Übungen und weiterhin in den Regeln zum Umgang mit Skrupeln. Bonhoeffer (vgl. oben) spricht davon, dass das Leben mit Christus auch bedeutet, dass man aus sich keinen bekehrten Sünder macht. Für Christen ist das ein wichtiger Hinweis. Der indische Jesuit Anthony de Mello erzählt folgende Geschichte:

Eines Tages kniete ein Bischof vor dem Altar nieder und begann, sich in einem Ausbruch religiöser Leidenschaft an die Brust zu schlagen und zu rufen: »Ich bin ein Sünder, hab Erbarmen mit mir! Ich bin ein Sünder, hab Erbarmen mit mir!« Der Ortspriester, der von diesem Beispiel an Demut inspiriert wurde, fiel neben dem Bischof auf die Knie, begann sich an die Brust zu schlagen und zu rufen: »Ich bin ein Sünder, hab Erbarmen mit mir! Ich bin ein Sünder, hab Erbarmen mit mir!« Der Küster, der zufällig in der Kirche war, war so bewegt, dass er sich nicht zurückhalten konnte. Auch er fiel auf die Knie, schlug sich an die Brust und rief: »Ich bin ein Sünder, hab Erbarmen mit mir!« Worauf der Bischof den Priester anstieß, auf den Küster zeigte und lächelnd sagte: »Sehen Sie mal, wer da denkt, er sei ein Sünder.«[18]

Die rechte Mitte zu finden zwischen Gleichgültigkeit gegenüber der Realität der Sünde und ängstlichen Skrupeln ist eine wichtige Aufgabe. Im Verständnis des Nicht-Selbst, das Zen zugrunde liegt, hat das Sprechen von Sünden in erster Linie einen praktischen Wert. Es kann in bestimmten Situationen nützlich sein, sich als Sünder zu erleben, es kann aber auch schädlich werden, vor allem wenn sich eine Identität als Sünder verfestigt: »Ich bin ein (großer) Sünder.« Als Sünder hat man eine klare Identität und Beziehung zu Gott, man kann seine Sünden bereuen, um Vergebung bitten, man weiß, wo man steht. Jeder Beichtvater kann davon erzählen, dass es für viele Menschen – so paradox das ist – nicht leicht ist, ihr Schuldbewusstsein wieder gehen zu lassen.

Ignatius war viel von Skrupeln geplagt, von eingebildeten Sünden. Er hat darum Anweisungen über den Umgang mit diesen formuliert. In der Praxis des christlichen Lebens und insbesondere in der Beichte ist es oft wichtig, zwischen wahren und eingebildeten Sünden zu unterscheiden, wichtiger aber ist die Ausrichtung auf das Ziel des Nicht-Selbst. Ein übergroßer Stolz kann durch das Bedenken der Sünden gebrochen werden, dann ist diese Wirkung gut. Ein schlechtes Gewissen kann auch dafür sorgen, dass man sich beim nächsten Mal besser verhält, keinen Schaden mehr anrichtet. Das Sprichwort »Ein gutes Gewissen ist ein gutes Ruhekissen« entspricht trotz seiner Plattheit vielleicht besser der richtigen Funktion eines Bedenkens von Sünden als manche theologische Spekulation, dass sich im Gewissen die Stimme Gottes meldet. Wenn die Angst vor Gewissensbissen dazu führt, dass jemand sich und anderen einen vermeidbaren Schaden erspart, dann hat das Gewissen seine Funktion erfüllt.

Wenn das Sündenbewusstsein aber, und das ist im christlichen Alltag eine ständige Gefahr, Angst erzeugt, die Entfaltung des Lebens behindert, zu übergroßer Vorsicht im Verhalten führt, dann ist es aus spirituellen Gründen notwendig, dieses Gewissen zu zerbrechen, denn das Sündenbewusstsein ist zur falschen Identität geworden. Der Christ soll mit seinen Talenten wuchern, statt sie ängstlich zu verstecken, auch auf die Gefahr hin, alles zu verlieren (Mt 25,14–30).

Das feierliche Loblied der Osternacht, das *Exsultet*, besingt die »glückliche Schuld«, die »heilbringende Sünde«. Durch Christus ist die Schuld selbst ein Weg zu Gott, ein Weg zur Erlösung geworden.

Sōsan sprach: »Ich bin krank. Bitte, Meister, reinigt mich von meinen Sünden, die der Grund für meine Krankheit sind.« Eka antwortete: Bringe mir deine Sünden her, dann werde ich dich von ihnen reinigen und dir Frieden geben.« Sōsan schwieg für eine Weile und sagte dann: »Ich kann meine Sünden nirgends finden.« Daraufhin erwiderte Eka: »Ich habe sie hiermit für dich vernichtet« (Denkoroku, 31. Fall).

Alltägliches Nicht-Selbst

Oben findet sich die Geschichte, wie der Zen-Meister Nansen seinem Schüler erklärt, dass der »alltägliche Geist« der Weg ist. Der wichtigste Ort der Gottessuche ist der konkrete Alltag. Die schon erwähnte Mystikerin Madeleine Delbrêl lässt uns beten[19]:

Jeder hat sein Kreuz zu tragen, ein Leiden durchzustehen, auch wir. ... Wir warten darauf, dass die Stunde unseres Opfers schlägt. ... Wir warten auf unsere Passion. Wir warten, aber sie kommt nicht.

Was kommt, sind Umstände, die unsere Geduld erfordern. O diese Übungen der Geduld, diese kleinen Leidenspartikel, deren Aufgabe es ist, uns ganz sanft umzubringen zu deiner Ehre, uns zu töten ohne Eigenruhm!
Schon am Morgen suchen sie uns auf: unsere Nerven gehen so leicht durch, der Bus ist bereits voll, die Milch läuft über, ...

Man möge hier die eigenen Geduldsprüfungen des heutigen Tages einfügen ... Delbrêl fährt fort:

So treten die Geduldsprüfungen an uns heran, neben- oder hintereinander, und vergessen uns immer zu sagen, dass sie das Martyrium sind, das für uns vorgesehen ist. Wir aber lassen sie mit Verachtung an uns vorüberziehen und warten auf eine Gelegenheit, unser Leben hinzugeben, eine Gelegenheit, die der Mühe wert ist. ...
Unser Opfer heißt: Früchte bringen in Geduld.

Der Alltag ist der wichtigste Ort der Übung und der Verwirklichung des Nicht-Selbst. Dabei geht es vor allem um die erlöste Form dieser Übung: im Hier und Jetzt zu leben, das heißt, jeden Augenblick neu zu entdecken, jeden Augenblick als Ort der Begegnung mit Gott zu entdecken, »Gott zu suchen und zu finden in allen Dingen«.
Für Ignatius ist die »Indifferenz« eine wesentliche Form der Verwirklichung von »Abtötung«. Indifferenz meint die Freiheit des Geistes in Entscheidungen, also sich freizumachen, um dem Willen Gottes folgen zu können. Ein konkretes Mittel dazu ist im Ordensleben der Gehorsam, dem er für seinen Orden eine besondere

Bedeutung zugemessen hat. Gehorsam bedeutet im Kern, den Willen Gottes zum Maßstab des Lebens zu machen. Der konkrete Gehorsam ist ein Mittel dafür. Die Suche nach dem Willen Gottes in allen Bereichen des Lebens, nicht nur in großen Entscheidungen, diese Suche verwirklicht das »Gott suchen und finden in allen Dingen«.

Dabei geht es nicht einfach um moralisch richtiges Handeln. Der Alltag als wichtigstes Feld des Übens bedeutet, wie oben schon beschrieben, Disziplin im Umgang mit den alltäglichen Gedanken, Gefühlen und Sinneseindrücken. Und das Üben bedeutet, sich immer wieder neu, jeden Augenblick neu, für das Geschenk der eigenen Existenz und der ganzen Wirklichkeit zu öffnen.

5. Herbst und Frühling –
Die vierte Woche der Exerzitien

In den 30-tägigen Exerzitien des hl. Ignatius folgt auf die dritte Woche, in der die Geheimnisse des Leidens und Sterbens Jesu betrachtet werden, die vierte Woche, deren Thema die Auferstehung Jesu Christi ist. Das Leben des Christen ist ein Leben in der Wirklichkeit der Auferstehung. Nur in dieser Perspektive gewinnen die Exerzitien ihren Sinn. Insbesondere ist nur in dieser Perspektive die Betrachtung des Leidens und Sterbens Jesu Christi sinnvoll.

Paulus schreibt: »Christus will ich erkennen und die Macht seiner Auferstehung und die Gemeinschaft mit seinen Leiden; sein Tod soll mich prägen. So hoffe ich, auch zur Auferstehung von den Toten zu gelangen« (Phil 3,10–11).

Chosa hatte sich eines Tages in den Bergen ergangen, kehrte wieder um und kam bis an das Tor [seines Zenhofs]. Der Vorsitzer fragte ihn: »Ehrwürdiger, wo seid Ihr gewesen?« Chosa antwortete: »In den Bergen.« Der Vorsitzer fragte: »Bis wohin seid Ihr gekommen?« Chosa erwiderte: »Erst lief ich dem Duft von Gras und Kräutern nach, und auf der Jagd nach fallenden Blüten kam ich zurück.« Der Vorsitzer bemerkte: »Das klingt stark nach Frühlingsstimmung.« Chosa versetzte: »Ist auch schöner, als wenn Herbsttau auf die Lotosblätter tropft« (Hekiganroku, 36. Fall).

Der Herbst ist in diesem Koan das Symbol für die Zeit des Sterbens, der negativen Seite der Verwirklichung des Nicht-Selbst, der Abtötung, der Verneinung des Selbst. Der Frühling steht für das Leben, die Blüte, die spontane und unbändige Kreativität, die kraftvolle und lebensspendende Seite des Nicht-Selbst.

Die oben zitierte Geschichte vom Wolkenfürst und Urnebel illustriert das Ideal des Mitgehens mit der freien und ursprünglichen Aktivität des Weltgrundes. »Der Wind weht, wo er will; du hörst sein Brausen, weißt aber nicht, woher er kommt und wohin er geht. So ist es mit jedem, der aus dem Geist geboren ist« (Joh 3,8). Ignatius hat in seinen Exerzitien den »Regeln zur Unterscheidung der Geister« einen großen Stellenwert gegeben, weil er wollte, dass der Exerzitant die Regungen des Heiligen Geistes erkennt, um ihnen Folge zu leisten. Das Leben des geisterfüllten Christen lässt sich nicht auf Pflichterfüllung, nicht auf das Befolgen bestimmter Vorschriften oder Anordnungen, nicht auf klare äußere Regeln zurückführen. »Gott hat uns fähig gemacht, Diener des Neuen Bundes zu sein, nicht des Buchstabens, sondern des Geistes. Denn der Buchstabe tötet, der Geist aber macht lebendig« (2 Kor 3,6).

Oben war schon die Rede davon, dass die buddhistische Lehre vom Nicht-Selbst über das Ideal des großen Einswerdens hinausgeht, das auf dem Weg der Meditation einen wichtigen Schritt, aber nicht das Letzte darstellt. Das Einswerden ist eine Überwindung des begrenzten Ich, des Ego. Das Nicht-Selbst geht also über das Nicht-Ich, die Überwindung des Ego hinaus. Gleichzeitig bedeutet es aber eine Rückkehr zum Ego, eine Bejahung der begrenzten eigenen Existenz, in ihrer Zufälligkeit und Unvollkommenheit. Zur Fülle des Lebens gehört nicht nur das Einswerden, sondern auch der Unterschied, der es überhaupt erst möglich macht, miteinander in Beziehung zu treten. »Wenn ich prophetisch reden könnte und alle Geheimnisse wüsste und alle Erkenntnis hätte; wenn ich alle Glaubenskraft besäße und Berge damit versetzen könnte, hätte aber die Liebe nicht, wäre ich nichts«, so schreibt Paulus (1 Kor 13,2). Die Kraft der Liebe macht alles andere wertlos, ein radikaler Ausdruck von Leerheit, die Fülle ist.

Im Zen ist es wohl bekannt, dass die Entwicklung der positiven, kreativen, kraftvollen Seite des Nicht-Selbst in mancher Hinsicht schwieriger ist als die Entwicklung der negativen Seite. Diese positive Seite wird als eine Rückkehr in die Welt der Unterscheidungen bezeichnet. Und diese Welt ist gerade heute eine komplizierte Welt. Es gibt die Versuchung, diesen Schritt in die Lebendigkeit der konkreten Wirklichkeit gar nicht zu vollziehen und in einer reinen Welt der Versenkung zu verbleiben. Viele Zerrbilder von weltfremden Heiligen und vom verträumten Meditierer haben ihre Ursache darin, dass spirituelle Sucher genau dieser Versuchung nachgeben. Noch verkehrter ist es, besondere Kräfte durch spirituelle Methoden zu kultivieren:

Kyūho hatte Sekisō als Aufwärter gedient. Nachdem Sekisō in die Verwandlung eingegangen war, gab die Gemeinde der Mönche ihrem Wunsch deutlichen Ausdruck, dass derjenige, der in der Halle den Ehrensitz innehatte, die Nachfolge des Abtes antreten solle. Kyūho erklärte sich damit nicht einverstanden. Und so sagte er: »Wartet, bis unsereiner ihn befragt hat. Falls er die Absicht unseres verstorbenen Meisters verstanden hat, will ich ihm genauso wie dem verstorbenen Meister als Aufwärter dienen.«

Sodann fragte er den Mönch vom Ehrensitz: »Unser verstorbener Meister hat gesagt: ›Lass ab, hör auf! Sei ein einziger Gedanke für zehntausend Jahre! Sei kalte Asche, sei ein verdorrter Baum! Sei ein einziger Streifen von weißer Seide!‹ – Nun sag mal: Ist dir klar, um welche Seite es dabei geht?« Der Mönch vom Ehrensitz sagte: »Es ist klar, dass es sich um die Seite der Einfarbigkeit [die Welt der Einheit, der Nicht-Unterscheidung, der Auslöschung] handelt.« Kyūho sagte: »Wenn das so ist, verstehst du die Absicht unseres verstorbenen Meisters immer noch nicht.«

Der Mönch vom Ehrensitz sagte: »Du bist mit mir nicht einverstanden, wie? Stell mir ein Räucherstäbchen her!« Sodann zündete der Mönch vom Ehrensitz das Räucherstäbchen an und sagte: »Falls ich die Absicht des verstorbenen Meisters nicht verstanden habe, bin ich nicht imstande, während noch der Rauch des Räucherstäbchens aufsteigt, Leib und Leben von mir abzutun.«

Nach diesen Worten setzte er sich sogleich auf seinen Sitz und schied dahin. Kyūho klopfte ihm daraufhin auf den Rücken und sagte: »Was das Sitzend-Dahinscheiden und das Aufrecht-stehend-Sterben angeht, so bist du nicht ohne. Doch die Absicht unseres verstorbenen Meisters hast du noch nicht einmal im Traum erschaut« (Shoyoroku, 96. Fall).

Der »wahre Geist des verstorbenen Meisters« ist kein Geist des Todes, sondern einer der Lebendigkeit, der Fülle und der Erfüllung des Lebens.

Zenkei Shibayama schreibt:

Meister Dogen sagte sehr zutreffend: »Tod: nichts als vollständiger Tod, durch und durch – vollendete Manifestation.« Wenn du stirbst, dann stirb wirklich. Wenn du wirklich gründlich und vollständig stirbst, dann hast du Leben und Tod überschritten. Dann wird zum ersten Mal freies und kreatives Zen-Leben und Wirken entfaltet. Dort werden Katzen und Hunde, Berge und Flüsse, Sandalen und Hüte ihre alten Namen und Formen überschritten haben, und sie werden in der neuen Welt eine Neugeburt erfahren. Das ist das Wunder des Wiedererwachens. In dieser neuen Welt werden die alten provisorischen Namen alle ihren Sinn verlieren.

...

Man sagt, dass Christus nach seiner Kreuzigung vom Tode auferstanden sei. Da ich kein Christ bin, kenne ich die orthodoxe Deutung der Auferstehung im Christentum nicht. Ich selbst glaube jedoch, dass die Auferstehung Jesu bedeutet, im menschlichen Fleisch zu sterben, Leben und Tod zu überschreiten und als Sohn Gottes wieder lebendig zu werden. Seine Auferstehung bedeutet die Ankunft des Reiches Gottes. Es ist das geheimnisvolle Wirken Gottes, die neue und wahre Welt zu schaffen. Dort lebt jeder, alles, in Gott, und alle provisorischen Namen und alles Verderben dieser Erde sind nicht mehr.[20]

Zum Schluss

Existiert Gott? – Das Christentum ist kein Theismus

Gewöhnlich wird das Christentum im Reigen der Religionen als eine Ausprägung des Theismus betrachtet. Grundlegend ist in diesem der Glaube an einen Schöpfergott. In der protestantischen Theologie gibt es vereinzelt andere Konzepte, bis hin zur Behauptung, das Christentum sei gar keine Religion, es könne gar nicht unter die anderen Religionen eingeordnet werden (Karl Barth).

Die ignatianische Spiritualität ist christozentrisch. Die obigen Betrachtungen zur Diesseitigkeit des Christentums mögen vielleicht dazu beitragen, die Tiefe dieser Aussage zu verstehen. Die Diesseitigkeit im Sinn von Bonhoeffer ist keine Plattheit, sondern eine vollkommene Form der Selbsthingabe, die sich an nichts mehr klammert, sondern ganz mit Christus lebt.

Im Buddhismus wird dieser Schritt in die vollständige Selbsthingabe durch die Verneinung der Existenz »Gottes« und der Weltseele ausgesagt, weil das Einswerden mit dieser Weltseele nur eine unvollkommene Form der Erlösung darstellt.

Entsprechend geht die Christozentrik über einen einfachen Theismus, einen Glauben an Gott, weit hinaus. Das theistische Verständnis des Christentums ist, dass es wie andere Religionen und manche philosophische Positionen zuallererst einen Glauben an Gott als den Schöpfer und die Grundlage der Welt voraussetzt. Die Rolle Jesu Christi ist dann, dass er durch seine Lehre Kunde gebracht hat, wer dieser Gott ist. Das ist aber zunächst eher die Beschreibung der Rolle eines Propheten.

Christus hat durch seine Person Kunde von Gott gebracht und den Weg eröffnet, weit mehr als durch seine Lehre. Er ist »der Weg und die Wahrheit und das Leben« (Joh 14,6). Der Glaube an Gott wird durch Christus nicht weiter modifiziert und verfeinert, sondern radikal umgedeutet. Erst hineingenommen in die verwandelnde Kraft des Todes und der Auferstehung Christi, in den Abstieg Christi, in seinen Ruf am Kreuz »Mein Gott, mein Gott, warum hast du mich verlassen?« (Mt 27,46) wird Gottesglaube zum christlichen Glauben. Transzendenz und Immanenz bedingen einander, das Leben aus dem Glauben ist gleichzeitig ein Leben ganz in der Welt. Ein Leben mit Gott ist gleichzeitig ein Leben in völliger Gottesferne, ganz im Diesseits. Ein platter Glaube an Gott verfehlt diesen Kern des Christentums, ebenso wie eine einfache Jesus- oder Christusfrömmigkeit. Die »Gottlosigkeit« des Zen trifft sich paradoxerweise in diesem Kern mit dem Glauben derer, die »für Gott leben in Christus Jesus« (Röm 6,11).

Das Letzte

Ein Mönch fragte: »Was ist das Immerwährende?« Jōshū sagte: »Das, was nicht von Dauer ist.« Der Mönch fragte: »Warum ist das Immerwährende nicht von Dauer?« Jōshū erwiderte: »Leben! Leben!« (Jōshūroku).

Nichts festzuhalten, ewig neu geschenktes Leben, wo liegt sein Ursprung?

Der Großmeister Tokusan Emmyō lehrte die Versammlung und sagte: »Wenn alles ausgelöscht ist, dann hängen alle Buddhas in den drei Welten ihren Mund an die Wand. [Sie haben nichts mehr zu sagen.] Dennoch ist einer da, der laut lacht. Wenn ihr diesen kennenlernt, dann ist euer Lernen zu Ende« (Shoyoroku, 46. Fall).

Zen wird oft mit besonderer Strenge assoziiert, und der Zen-Weg ist streng und fordert viel. Doch wenn Zen nicht nur zelebrierter Ernst ist, sondern in die Mitte der Wirklichkeit vordringt, dann erschallt dieses Lachen vom Herzgrund. Hinter allem, unter allem, über allem, in allem scheint dieses Lachen durch, von dem hier die Rede ist, ein schallendes und befreiendes Gelächter, das die ganze Wirklichkeit durchdringt und das alles Schwere hinwegwischt. Wer ist es, der da lacht?

Zum Weiterlesen

Zwei gute Bücher über Zen
Shunryu Suzuki: Zen-Geist, Anfänger-Geist. Freiburg 2009 (auch verschiedene andere Ausgaben sind erhältlich)
Zenkei Shibayama: Zu den Quellen des Zen. München, 1983 (vergriffen, wie auch alle anderen Ausgaben, ist aber gut antiquarisch erhältlich)

Zur ignatianischen Spiritualität
Einen guten Überblick bieten die Bücher der Reihe »Ignatianische Impulse«, z.b. die Textsammlung: *Ignatius von Loyola:* In allem – Gott. Würzburg 2006
Im Buch wird aus folgender Quelle zitiert: *Ignatius von Loyola:* Geistliche Übungen und erläuternde Texte. Graz 1978
Diese Ausgabe ist vergriffen, aber viele Ausgaben der Geistlichen Übungen (zitiert als EB mit Nummern) und des Pilgerberichts (BP) sind im Buchhandel erhältlich, z.B.:
Ignatius von Loyola: Geistliche Übungen. Würzburg 2008
Ignatius von Loyola: Bericht des Pilgers. Würzburg ²2005

Zwei Bücher über Zen und Christentum
Ursula Baatz: Erleuchtung trifft Auferstehung. Berlin 2009
Niklaus Brantschen: Auf dem Weg des Zens. München ⁴2007

Die zitierten Koans sind aus verschiedenen Sammlungen entnommen, die Übersetzungen teils redigiert:
Yamada Kôun Roshi: Die torlose Schranke - Mumonkan: Zen-Meister Mumons Koan-Sammlung. München 2004
Wumen Huikai: Die torlose Schranke des Zen. Frankfurt 1999
Wilhelm Gundert (Übersetzer): Bi-Yän-Lu, 3 Bände. München 1998 (vergriffen, antiquarisch erhältlich, wird in verschiedenen Ausgaben immer wieder neu aufgelegt)
Yamada Kôun Roshi: Die Niederschrift vom blauen Fels – Hekiganroku, 2 Bände, München 2002
Dietrich Roloff: Cong-Rong-Lu – Aufzeichnungen aus der Klause der Gelassenheit. Oberstdorf 2008
Jûshin, Jôshû: Rein in Samsara. Frankfurt 2002

Anmerkungen

[1] Vgl. U. Baatz: Hugo M. Enomiya-Lassalle: ein Leben zwischen den Welten. Zürich u.a. 1998.

[2] AMA Samy: Aktuelle Fragen der Zen-Unterweisung. GuL 78 (2005), S. 424−439.

[3] Ignatius von Loyola, Bericht des Pilgers (versch. Ausgaben), zit. mit »BP« und Randnummer.

[4] Ignatius von Loyola, Geistliche Übungen (versch. Ausgaben, auch mit dem Titel »Die Exerzitien«), zit. mit »EB« und Randnummer.

[5] Vgl. dazu das Buch von Emmanuel Jungclausen (Hrsg.): Aufrichtige Erzählungen eines russischen Pilgers. Freiburg 1974.

[6] Paul Reps: Ohne Worte − ohne Schweigen. Bern 1976, Text Nr. 32.

[7] M. Delbrêl: Der kleine Mönch. Freiburg 1981, 75.

[8] Paul Reps: Ohne Worte − ohne Schweigen, Nr. 28.

[9] Aus der Predigt Nr. 23 in der Nummerierung von J. Quint: Meister Eckhart: Deutsche Predigten und Traktate. München 1963.

[10] M. Buber: Die Erzählungen der Chassidim. Zürich 1949, 326f.

[11] Teresa von Avila: Die innere Burg. Zürich 1979, 196.

[12] Vgl. P. Mommaers: The Riddle of Christian Mystical Experience. Leuven 2003.

[13] B. Roberts: What is Self?: A Study of the Spiritual Journey in Terms of Consciousness. Boulder 2005.

[14] D. Bonhoeffer: Widerstand und Ergebung, 183.

[15] Zitiert nach R. Wilhelm: Das wahre Buch vom südlichen Blütenland, München 2002, 122-124.

[16] »Kkaech'im«, vgl. Sung Bae Park: Buddhist Faith and Sudden Enlightenment. Albany, State Univ. of New York Pr., 1983, insbesondere das V. Kapitel, 123-125.

[17] D. T. Suzuki: Die große Befreiung. Zürich 1958, 135.

[18] Anthony de Mello: Geschichten, die gut tun. Freiburg ²2001, 60.

[19] M. Delbrêl: Der kleine Mönch. Freiburg 1981, 88f.

[20] Zenkei Shibayama: Quellen des Zen, Bern 1976, 137f.

In der Reihe **Ignatianische Impulse**
sind bisher erschienen: